日本労働社会学会年報

2010
第21号

介護労働の多面的理解

日本労働社会学会

The Japanese Association of Labor Sociology

特集　介護労働の多面的理解 ———————————————— 1

1　介護保険10年の検証と介護労働問題 ……………………伊藤　周平…3

2　現場から見た〈介護〉の幾つかの特性と
　　介護労働の現状 ……………………………………………水野　博達…23
　　——政治改革の遅れに強いられる持久戦略——

3　ユニットケアはケアワーカーを幸せに
　　するのか？ …………………………………………………阿部　真大…43

4　韓国における療養保護士の職務ストレスが
　　離職志向に及ぼす影響 ……………………………………牟　　智煥…71
　　　　　　　　　　　　　　　　　　　　　　　　　　　　松本　理恵

投稿論文（研究ノート） ———————————————————— 93

1　地方一般行政職の若手職員における
　　職業キャリア・イメージの保有度 ………………………中嶌　　剛…95
　　——採用学歴区分の違いに注目して——

書　評 ———————————————————————————— 115

1　中村眞人著『仕事の再構築と労使関係』 ………………上原　慎一…117

2　熊沢誠著『働きすぎに斃れて
　　——過労死・過労自殺の語る労働史——』 …………嵯峨　一郎…123

日本労働社会学会会則（130）　編集委員会規定（133）　編集規定（134）
年報投稿規定（134）　役員名簿（135）　編集後記（137）

ANNUAL REVIEW OF LABOR SOCIOLOGY
November 2010, No.21

Contents

Special Issue: Understanding the Diversity of Care Work

1. Studies of the Long-term Care Insurance in a Decade, and Problems of Care Laborer   Shuhei Ito
2. A Report from My Job Field for Some Characteristics and Today's Situation of the Care Labor: One Endurance Strategy to Be Forced by the Delay of the Political Reform   Hirotatsu Mizuno
3. Can Unit-Care Make Care-Workers Happy?   Masahiro Abe
4. The Effects of Turnover Intension on Long-term Care Workers' Occupational Stress in Korea   Mo Jeewhan and Rie Matsumoto

Research Note

1. Possesses of Career Vision by Young Public Servants: Focusing on the Differences of Academic Division on Employment Examination   Tsuyoshi Nakashima

Book Reviews

1. Masato Nakamura, *Restructuring of Work and Industrial Relations*   Shinichi Uehara
2. Makoto Kumazawa, *Working Hard Only to Die: Karoshi Cases in Japanese Labor History Since the 1980s*   Ichiro Saga

The Japanese Association of Labor Sociology

特集　介護労働の多面的理解

1　介護保険10年の検証と介護労働問題　　　　　　　　伊藤　周平

2　現場から見た〈介護〉の幾つかの特性と
　　介護労働の現状　　　　　　　　　　　　　　　　　水野　博達
　　　──政治改革の遅れに強いられる持久戦略──

3　ユニットケアはケアワーカーを幸せに
　　するのか？　　　　　　　　　　　　　　　　　　　阿部　真大

4　韓国における療養保護士の職務ストレスが　　　　　　牟　　智煥
　　離職志向に及ぼす影響　　　　　　　　　　　　　　松本　理恵

介護保険10年の検証と介護労働問題

伊藤　周平
(鹿児島大学)

はじめに——民主党政権の新自由主義路線への急旋回——

　2009年9月に、鳩山由紀夫氏を首班とする民主党・社民党・国民新党の連立政権が成立したが、国民の新政権への期待はしだいに失望・幻滅へと変わり、2010年5月30日には、普天間基地移設に関する日米合意に反対して社民党が連立政権から離脱、同年6月2日には、鳩山首相・小沢一郎幹事長（いずれも当時）が辞任に追い込まれた。6月4日には、菅直人氏が民主党代表に選出されたうえで首相に指名され、8日に、国民新党との連立による菅内閣が誕生した（以下、鳩山内閣のときを含め「民主党政権」という）。

　もともと、民主党自体が、政策理念の違う議員の「寄り合い所帯」で、ヨーロッパの諸国の社会民主主義政党とは異なり、保守政党の性格が強く、自民党との路線や政策の違いは小さい（「政治とカネ」をめぐる問題でも同根といえる）。現在、民主党内には、自民党から利益誘導政治を奪取することに主眼を置き、「政策より選挙」を重視する小沢氏を中心とするグループと、小沢氏と距離を置く構造改革＝新自由主義派の2つの大きなグループがある。民主党は、結党時から「構造改革」の推進を掲げ、小泉政権の時代には、同政権と構造改革を競い合っていた。それが、2006年に、小沢氏が代表に就任すると、「国民の生活が第一」を掲げ反構造改革（新自由主義）路線に転換、2007年7月の参議院選挙で大勝し、2009年9月の政権交代につながった。しかし、こうした路線・政策変更について、党内での議論はほとんどなされず、選挙に勝利するためだけの表面的なものであった。

　菅内閣は、早々と日米合意を堅持することを宣言し、沖縄県民の基地移設反対の民意を踏みにじりアメリカ追随外交に大きくシフトした。そして、それに歩調

を合わせるかのように、社会保障政策についても、巨額の財源不足に直面し、財政規律を重視し消費税引き上げを主張する仙谷由人氏が官房長官に就任（菅改造内閣でも留任）、公費支出の抑制と供給体制の市場化を進め、社会保障の給付抑制を指向する新自由主義路線へと急旋回（回帰？）しつつある。

さらに、菅首相は、2010年7月の参議院議員選挙の直前に、社会保障財源と財政再建のためと称して消費税10％の引き上げを、成長戦略と称して法人税の引き下げをそれぞれ打ち出し、消費税増税が大きな選挙争点となった。結局、民主党は、参議院選挙において過半数を獲得することができず、再び国会の「ねじれ現象」が生じた。その後、同年9月に行われた民主党代表選挙において、菅氏が再任され、菅改造内閣が誕生、財政再建の観点から、社会保障の給付抑制を指向する新自由主義路線はますます鮮明になっている。

社会保障のなかでも、社会福祉の分野では、2000年4月から施行されている介護保険法をモデルに、措置制度を契約制度に転換する改革が行われ、従来の仕組みが大きく変えられた。この間の高齢者福祉、障害者福祉、児童福祉にわたる改革の経緯をみると、当事者の声やそれを代弁する運動が脆弱な高齢者福祉の分野から、介護保険法の施行にみられるように、直接契約や応益負担、さらには社会保険方式へと劇的に転換する改革が行われてきたことがわかる。社会福祉再編のモデルが介護保険法であることから、こうした改革の方向は「福祉の介護保険化」と位置づけることができる。福祉の介護保険化は、福祉サービスを商品化し（だからこそ、利用者負担は応益負担となるのだが）、福祉給付（現物給付）についての公的責任を事実上消滅させ、コスト削減の名のもと、福祉労働者の人件費を抑制し、財界からの要求にそって、福祉を必要とする高齢者や障害者、子どもを「儲け」の対象とする（しばしば「ビジネスチャンス」といわれる）、まさに社会福祉分野の新自由主義政策といってよい。

本稿では、施行11年目をむかえた介護保険制度について、介護労働者の問題を中心に、その現状と問題点を検討し、今後の課題と制度のゆくえを展望する。

1. 介護保険の現状とそのジレンマ

(1) 介護保険の現状──2009年介護報酬改定と介護職員処遇改善交付金──

介護保険法施行から10年を経た現在（2010年）、マスコミなどでは「介護崩壊」という言葉がとびかうようになっている。大幅な規制緩和によって、介護労働者の労働条件は急速に悪化し、人材難が顕著になってきたからである。介護労働者の劣悪な労働条件や過重労働は、人員配置基準の手薄さともあいまって、介護サービスの質の低下や介護事故の増大をもたらし、サービス利用者である要介護者の安全と生命を脅かしつつある。

　介護施設の火災による入所高齢者の死亡事件も続出している。2009年3月には、群馬県渋川市の高齢者向けの住宅「静養ホームたまゆら」で火災が起き、10人の入居者が死亡し、さらに、2010年3月には、札幌市の認知症グループホーム「みらい・とんでん」で、火災が発生し、これまた入居者7人が死亡する惨事となっている。

　いずれの事件も、失火当時、施設にいた職員は1人だけで、これでは認知症や体の不自由な高齢者は避難できるわけがない。とくに、「たまゆら」事件では、建て増しを重ねて、施設は複雑なつくりになっており、スプリンクラーや火災警報装置もなく、認知症の高齢者の徘徊を防ぐため、失火当時、出口には鍵がかけられていた。いわば「人災」といってもよい事件で、実際、施設を運営するNPO法人の理事は業務上過失致死罪で起訴されている。しかも、同施設は、群馬県に有料老人ホームの届出をしておらず、入居者のうち15人が、東京都墨田区から生活保護を受給しており、行政が、劣悪な施設に、高齢者を送り込んでいる歪んだ構図が明らかになった。その背景には、特別養護老人ホームなど公的施設の増設を抑制し、低所得の高齢者の行き場がなくなっている現実があり、高齢者福祉の公的施策の後退と「ヤミ市場」の拡大という、介護保険が生み出した深刻な問題がある。

　こうした状況のなか、2008年5月には、介護労働者の待遇改善のために必要な措置を講ずることを定めた「介護従事者等の人材確保のための介護従事者等の処遇改善に関する法律」が成立した。そして、2009年度の介護報酬改定（以下「2009年改定」という）では、介護報酬が3％引き上げられ、初のプラス改定となった。しかし、プラス改定に対する介護現場からの反応は冷やかで、政府内でも2009年改定の効果を疑問視する声は大きく、そのため、総額約15兆円にのぼる過去

最大の2009年度補正予算（2009年5月成立）に、介護労働者のさらなる待遇改善を図るべく、全額国負担による「介護職員処遇改善交付金」が総額約4,000億円（執行期間は、2009年10月から2年半）で盛り込まれた。

この間の政策対応で明らかになったのは、介護保険法のもとでの介護労働者の劣悪な労働条件と人材難の問題は、介護保険の構造的な問題であるにもかかわらず、そうした構造的問題には手をつけず小手先の報酬改定を繰り返す厚生労働省の無策と、膨大な公費（税金）を投入しなければ、制度を維持できない介護保険（つまり高齢者福祉を社会保険方式で行うこと）の限界ではなかったかと考える。

(2) 介護保険のジレンマと給付抑制策の展開

もともと、介護保険法は、その理念として掲げている「介護の社会化」が進んで、施設や高齢者のサービス利用が増え、また、介護労働者の待遇を改善し、人員配置基準を手厚くして、安心できる介護を保障するため介護報酬を引き上げると、介護保険の給付費が増大し、介護保険料の引き上げにつながる仕組みになっている。介護報酬単価の引き上げは、1割の利用者負担の引き上げにもつながり、利用者の負担にはねかえる。

しかし、現在の介護保険の第1号被保険者（65歳以上の高齢者）の介護保険料は、低所得の高齢者ほど負担が重く逆進性が強いうえに、月額1万5,000円以上の年金受給者からは年金天引きで保険料を徴収する仕組みであり、保険料の引き上げには限界がある。しかも、2008年4月からは、後期高齢者医療制度が創設され、75歳以上の高齢者については、後期高齢者医療保険料も、介護保険料とあわせて年金から天引きされており、高齢者の保険料負担はもはや限界に達している[2]。後期高齢者医療保険料については、高齢者からの強い批判にさらされ、年金からの天引きではなく、銀行口座からの引き落としも選択できるようになったが、介護保険料の天引きは続いている。

そもそも、「最低生活費非課税の原則」を無視して、強制加入の介護保険制度のもとで、生活保護基準以下の生活状況にある高齢者から介護保険料を年金天引きすることは、公権力が高齢者の生存権を侵害し、その生活困難や貧困を拡大していることを意味する[3]。

いずれにせよ、介護労働者の賃金を上げ待遇をよくするには、介護報酬の引き上げが不可欠となるが、それは介護保険料の引き上げにつながる。2009年改定では、介護報酬の引き上げが、介護保険料の高騰につながらないように、保険料値上げ分を公費で賄う財政措置が取られることになったが（約1,200億円を補正予算で対応）、その措置も、あくまで暫定的なものであり、2010年度は半分、2011年度にはゼロとなる。現在の第4期（2009年度から2012年度まで）の介護保険料の全国平均は月額4,260円であるが、厚生労働省の試算では、次期第5期改定の2012年度には、要介護者の自然増分も含め全国平均で15％以上の介護保険料の引き上げが見込まれている。結局、介護保険の財源構造のもとでは、介護保険料を抑えるための手段は、介護給付費の抑制（給付抑制）しかない。その意味で、介護保険には給付抑制の仕組みが構造的に組み込まれているといってよい。[4]

　すでに、介護保険料の高騰を背景に、2005年には、給付抑制を目的とした介護保険法の大改正が行われ、この改正介護保険法は、2006年4月より施行されている。この改定は、まさに「介護の社会化」という理念を打ち捨て（もともと、介護保険の導入の目的は、高齢者医療費の増大の抑制と老人保健制度の立て直しにあったが）、給付抑制のみをめざした改定であった。そして、こうした給付抑制の強化は、まさに、前述の「介護崩壊」というべき深刻な問題を生み出している。以下、介護保険の諸問題を具体的にみていくが、とくに介護労働者問題については、節を改めて検討していく。

2. 介護保険の諸問題

（1）要支援者のサービス利用の制限

　第1に、改正介護保険法では、従来の要支援・要介護1の軽度認定者を要支援1・2判定に再編し、新予防給付の対象（以下「要支援者」という）としたうえで、要支援者のサービス利用を大幅に制限、事実上の給付カットが行われた。

　要支援1の支給限度額は改正前の約2割引き下げられ、限度額をオーバーすると、全額自己負担となるため、サービスの利用回数を減らしたり、利用を断念する要支援者が続出した。また、要支援者については、同居の家族がいる場合には、生活援助の訪問介護（ホームヘルプサービス）の利用が制限され、車イスな

ど福祉用具貸与も、一定の例外となる者を除き利用できず（要介護1の判定者も含む）、通院等乗降介助（いわゆる介護タクシー）も、利用できなくなった。そのため、自費でホームヘルパー（以下「ヘルパー」という）を利用したり、ボランティアに頼まざるをえない高齢者が増えている（『週刊東洋経済』2009年9月5日号）。また、必要なサービス利用が制限されることで、かえって重度化する要支援者も出てきている。

　結果として、2006年度の介護保険サービスの利用者数は、要介護認定者数は、前年度より20万人増加したにもかかわらず、前年度を約10万人下回り、介護保険法施行後初の減少となり、給付費も約6,000億円減少した（厚生労働省「介護給付費実態調査」による）。国や各市町村の介護保険特別会計にも余剰金が発生し、基金として積み立てられた余剰金（介護給付費準備基金残高）は、2008年度末で、約3,800億円にのぼっている（ただし、2009年度からの介護保険料の引き上げを抑制するため、基金を取り崩した市町村が多い）。

　そして、改正介護保険法で拍車がかかった要支援者のサービス利用の制限は、将来的には、要支援者を介護保険の保険給付から外すなどの改定へと向かう可能性が高い。実際、財務省の諮問機関である財政制度等審議会は、2008年6月の意見書に介護保険制度の改革を盛り込み、「要介護2」以下の軽度の要介護者・要支援者（2007年3月末で、約274万人）について、①保険給付の対象外とした場合、②自己負担割合を現在の1割から2割に引き上げた場合などの、財政負担や1人当たり平均の保険料の軽減額を示し（給付費全体の軽減は、①で2兆900億円、②で2,300億円、1人当たり保険料軽減額は、①で1万5,000円、②で1,700円）、利用者負担の引き上げや介護保険の給付対象を要介護3以上の要介護者に限定する方向での改定を示唆している。

　しかし、これ以上の給付抑制は、介護保険を、ますます「介護の社会化」の理念からかけ離れた、老後の介護保障制度としての機能を喪失した制度へと変貌させていくこととなる。要支援者も含め、介護を必要とする要介護者は、前述のように、介護保険サービスが利用できない分（利用できても十分でない分）は、家族介護者やボランティアなどの無償労働に依存するか、自費によるサービス購入の形で調達するしかない。

すでに、厚生労働省の「これからの地域福祉のあり方に関する研究会」が、2008年3月にまとめた報告書「地域における『新たな支え合い』を求めて」でも、家事援助など介護保険サービスの一部をボランティアに肩代わりさせようとする方向が打ち出されている（訪問介護の家事援助など生活援助部分を、将来的に保険給付から外すための布石とも読める）。とはいえ、地域社会の現状をみれば、ボランティアを継続的に確保することは難しく、そもそも、家族介護者もボランティアも確保できず、自費によるサービスの購入もできない低所得の要介護者は、介護保険料だけ徴収され、必要なサービスが利用できなくなり悲惨な状況に置かれることとなる。

(2) 介護保険施設の抑制・削減と「介護難民」の発生

　第2に、介護保険のもとでは、特別養護老人ホームなど介護保険施設の抑制・削減が進められ、行き場を失う「介護難民」が発生している。サービス利用の制限で要支援者が重度化したり、在宅介護が困難となり施設入所が必要な高齢者がどんなに増大したところで、入所できる施設が少なければ利用は限定され、給付費は抑制できるからである。

　介護保険法施行後、介護保険法の「在宅重視」の理念とは裏腹に、施設志向が強まり、特別養護老人ホーム（介護老人福祉施設）の入所待機者が激増し、その数は、全国で42万人にのぼっている（2009年12月現在。厚生労働省調べ）。こうした施設志向の背景には、高齢化や核家族化の進展にともなう、ひとり暮らしの高齢者や、いわゆる「老老介護」世帯の増加、要介護者の重度化や経済的負担増による在宅介護の困難さがある。そのため、施設を増設し、在宅介護の負担軽減や保険給付水準（支給限度額）を引き上げることなどが不可欠である。それがなされないかぎり、低所得や要介護度の低い要介護者の施設入所が困難となり、それらの人の生活破壊が進み、介護心中などの悲惨な事件が増えるだろう（現に増大している）。同時に、介護保険施設の側も、入所者の負担金の未払いの増加などの問題に直面することとなり、良心的な施設ほど厳しい運営を迫られている。

　しかし、特別養護老人ホームの建設費補助金の削減や介護報酬の引き下げなどが影響し、施設整備は進んでいない。同時に、施設の整備は介護保険料の引き上

げにもつながるので、抑制圧力がかかりやすい（前述した介護保険のジレンマの典型例！）。また、当該地域の施設数が、介護保険事業計画で定められた目標値に達している場合には、施設新設の申請があっても、都道府県知事は指定をしないことができる総量規制という仕組みが導入されている。そのため、厚生労働省の調査でも、全国の自治体が2006年度から2008年度に、特別養護老人ホームなど介護保険施設を、12万4,104床新設する計画を立てていたのに対して、現実には、計画の45％の5万5,717床分しか達成できていないことが明らかになっている。

しかも、2006年には、介護保険法が改正され、介護保険適用の療養病床（介護療養型医療施設）は、2012年3月末で廃止されることが決まっている。もともと、高齢者の長期療養のための入院施設である療養病床は、医療保険適用の療養病床だけだったが、2000年4月の介護保険法施行により、介護保険適用の介護型療養病床が創設され、介護療養医療施設として介護保険施設に位置づけられ、現在は2種類の療養病床が併存している。医療型と介護型の違いは、前者が医師の判断で入院が可能で、医師3人、看護・介護職員それぞれ5対1の人員配置であるのに対し、後者は要介護認定を受ける必要があり、医師3人、看護・介護職員それぞれ6対1の人員配置となっている（後者はおむつ代が給付に含まれる）。しかし、患者の状態や医療の内容にはほとんど違いがないのが現状である。

こうした療養病床の再編成について、小泉政権の時代に、2012年3月末までに、医療型を25万床から15万床程度に削減し（ただし、その後、各自治体の事業計画で、病床数の削減が困難なことが判明し、22万床程度と削減幅が緩和された）、前述のように介護型12万床（2006年段階）については全廃することが決定した。[5] 民主党政権は、この介護療養型医療施設の廃止は凍結するとしているが、介護保険法の再改正はなされておらず、すでに大幅な介護型の削減（9万床程度に減少）がなされており、今後は介護型の増設計画を立て増設の方向へ転換していくことが課題となる。

何よりも、療養病床削減の受け皿とされている老人保健施設や居住系サービスの整備が進まず、家族もいない低所得の高齢者は行き場を失い「介護難民」と化している。これらの高齢者は「ヤミ市場」に流れ、前述の「静養ホームたまゆら」のような劣悪な施設での生活を余儀なくされ、ネグレクトや焼死など、生命の危

険にさらされている。

(3) 新認定制度の導入による要介護認定の厳格化

　第3に、介護保険の要介護認定において、2009年度から新しい要介護認定基準により一次判定が行われ、要介護認定の厳格化が図られたという問題がある。

　2009年度からの新認定制度では、コンピュータ判定（一次判定）の認定調査項目が従来より14項目削除された（新たに6項目が追加され、82項目から74項目に）。要介護度は、要介護認定基準時間が長いほど高くなるが、削除された項目に反映されていた要介護認定基準時間が削られるわけだから、当然、要介護認定基準時間は短くなり、新認定制度では、軽度に判定される人が続出した。

　厚生労働省は、認定基準を変え、要介護認定を厳格化することで、介護保険の給付が受けられない「非該当（自立）」と判定される人や支給限度額が低い（つまりは給付費が低く抑えられる）要支援者を増やし、給付抑制を図ろうとしたといってよい。後述のように、介護報酬を引き上げても、軽度者や給付対象者を少なくすれば、全体として給付費は抑制できるからである。しかも、「介護報酬をプラス改定した場合には財源確保策が必要だ」とし、「非該当とされた一次判定が二次判定で重度に変更される割合を10％減らせば約84億円縮減できる」、「要支援2と要介護1の認定の割合を現在のおよそ5対5から7対3とする」など、具体的な数値が明記された厚生労働省の内部文書が明るみに出て（『しんぶん赤旗』2009年4月3日）、介護現場を中心に大きな批判が巻き起こった。

　こうした批判を受けて、厚生労働省は、新認定制度実施直後の2009年4月13日、省内に有識者からなる「要介護認定の見直しに係る検証・検討会」を立ち上げ、調査検証を行い、その結果が出るまでは、新認定制度によって、心身の状態が変わらないのに、認定結果が軽くなった場合、利用者から申請があれば従来どおりの認定にもとづくサービスを継続できる経過措置を設けた（全体の約6割が申請）。しかし、再三の変更と新規の要介護認定を受ける人には適用がない経過措置のため、現場に大きな混乱をもたらした。そもそも、新認定基準設定の根拠となった、2007年度に行われたモデル事業も、調査対象者は、わずか86件にすぎず、しかも、厚生労働省はモデル事業の具体的な中身は明らかにしていない。

そして、2009年7月に、要介護認定基準改定の影響調査（全国1,489自治体の4・5月の要介護認定調査）の結果が公表されたが、懸念されたとおり、新基準で認定を受けた約28万人のうち、介護の必要なしとして「非該当」と認定された人の割合は2.4％と、前年同期の0.9％から急増し、軽度認定（要支援1・2、要介護1）となった人を合わせた割合は53.6％と、これも前年同期より4.1％増えたことが判明した。

そのため、認定制度が再度見直されることになったが、見直しといっても、具体的には、認定調査員テキストを修正し、現在の調査項目74項目のうち43項目についての調査員による判断の基準が変えられただけであった（2009年10月から実施）。調査項目はそのままであり、一次判定の要介護認定基準（ソフト）にも変更は加えられておらず、結局、経過措置がなくなっただけで、要介護認定の厳格化の方向になんら変わりがない。

もともと、厚生労働省には、要介護認定の厳格化の意図があり、あまりに批判が大きくなったので、アリバイ的に検討会を立ち上げ、これまたアリバイ的に、認定調査員テキストの修正程度で批判をかわそうとしたのだろう。批判が出るたびに、小手先の手直しを行う厚生労働省の政策変更は、現場に混乱を招き、制度をますます複雑なものとし、介護保険制度そのものの信頼を失墜させている。

3. 介護労働者問題の様相と2009年改定

(1) 介護労働者の労働条件の悪化と担い手不足

介護保険の諸問題のうち、とくに深刻な問題が、介護保険制度の実施とそれにともなう規制緩和により、介護労働者の労働条件が急速に悪化し、介護の担い手不足が顕著となっているという、いわゆる介護労働問題である。

現在、在宅サービスの要であるヘルパーの約8割がパートといわれており、その労働条件の劣悪さは社会問題化している。ヘルパーだけでなく、従来は、公務員に準じる待遇にあった社会福祉法人運営の施設の介護職員の場合も、介護保険法のもとでの施設経営の不安定化による職員数の削減とパート化が進められ、残った職員も賃金カットや過密・過重労働にさらされている。[6] 介護労働者の離職に拍車がかかるとともに求人難が顕著となり、定員割れの福祉系大学や専門学校

も増加している。

　介護労働者の賃金を上げ待遇をよくするには、前述のように、介護報酬の引き上げが必要だが、介護報酬の引き上げは介護保険料の引き上げにつながるため、給付抑制を方針とする厚生労働省のもとで、介護報酬は、過去2回の改定で引き下げられ続けてきた。しかも、サービス提供量に応じて介護報酬単価が決められる体系のため、介護事業者の事務量は膨大となり、運営が不安定化している（運営の不安定化が、施設職員などの労働条件の引き下げにつながるという悪循環が生み出されている）。

　しかも、介護保険制度では人員配置基準の弾力化が進められたため、介護保険サービスの質の低下や介護事故が増大している。たとえば、認知症高齢者のグループホームでは、夜勤では、認知症の高齢者18人を1人の介護職員（しかも非正規雇用の労働者であってもよい）が担当する体制でも法令違反にならない。介護の現場では、介護労働者だけでなく、介護される側の高齢者の安全も危険にさらされている。現在の介護職の人材難の原因には、低賃金が大きいが、こうした人員配置基準の低さとそれにともなう過密労働・過重労働も大きな原因のひとつと考えられる。介護職の離職率の高さがそれを物語っている。

(2) 2009年改定の問題点と限界

　こうした状況のなか、前述のように、2009年改定では、3％の引き上げが行われたわけだが、単純計算でも5％の報酬引き上げがないと、過去2回の報酬マイナス分（2003年改定でマイナス2.3％、2006年改定でマイナス2.4％）を取り戻すことはできず、この程度の引き上げでは、介護労働者の待遇改善や人材難の解消はとうてい無理である。

　2009年改定の問題点をみていくと、まず、3％の引き上げといっても、全体の底上げではなく、一定の要件をクリアしなければ算定できない加算による評価が中心となっている問題がある。複雑な加算請求のために、事務負担が増大する一方で、加算をとり報酬単価が引き上げられ増収になると、利用者負担（報酬単価の1割）も高くなるので、利用者の負担増を考慮して、あえて加算をとらない事業者も出てきている。

また、介護報酬の引き上げ分を介護労働者の賃金の上昇に反映させるか否かは、各事業者に委ねられている。これでは、とくに訪問介護事業者に多い営利企業(株式会社)では、引き上げ分は、株主への配当か役員報酬などに優先的に配分されるだろうから、ヘルパーの賃金上昇はまず期待できず、介護労働者の処遇改善は難しい。実際、2008年と2009年ともに在籍していた介護従事者(介護労働者)の2009年の1か月当たりの平均給与額は、22万9,930円で、前年同月と比べて、8,930円の増加にとどまっている(厚生労働省「平成21年度介護従事者処遇状況等調査結果」による)。

　介護報酬の引き上げが、確実に介護労働者の賃金上昇などに結びつくように、かつての措置費のように、介護報酬に人件費分や事務費分などの区分を設け、使途を限定する体系に組みかえるという方策も考えられるが、介護保険サービス提供の対価(つまりは商品の売り上げ)という介護報酬の性格上、使途を限定する報酬体系とすることは難しい。

　いずれにせよ、現行の最低賃金すらも考慮されることなく、パート雇用を前提に、サービス提供量に応じて介護報酬単価が決められる現在の介護報酬体系の抜本的な見直しが必要なのだが、2009年改定では、そうした見直しはなされず、介護労働者の処遇改善については事業所が情報公開し、介護報酬改定が処遇改善につながったかを検証することが盛り込まれたにとどまる。

(3) 介護労働者の医療行為の問題

　さらに、2009年改定では、療養病床の削減などの医療制度改革の結果、必要な医療やリハビリが受けられなくなった高齢者の受け皿として、介護保険の給付を再編していく方向がみられる。すなわち、2009年改定では、すべての保険医療機関について、通所リハビリテーションの指定があったとみなす「みなし指定」が導入されたが、これは将来的に、維持期リハビリテーションを医療給付から外し介護保険の給付に移す布石とも考えられる[7]。

　また、療養病床の削減により、経管栄養やたんの吸引が必要な医療依存度の高い高齢者が介護保険施設に殺到し、そのケアを、本来は医療行為が行えない介護福祉士など介護職が担わざるをえない状況がひろがっている。すでに、在宅

のALS（筋萎縮性側索硬化症）の患者に対しては、ヘルパーなどによるたんの吸引行為が一定の条件のもとで認められる措置がとられている（刑法上の違法性が阻却されると考えられている）。

これと同様の論理で、介護保険施設である特別養護老人ホーム（介護保険法上は介護老人福祉施設。医師が非常勤で看護師が夜間はいないことが多い）でも、介護職員が、一定の条件のもとで、一部の医療行為を行うことが認められた。すなわち、厚生労働省は省内に「特別養護老人ホームにおける看護職員と介護職員の連携によるケアのあり方に関する検討会」を設置し、口腔内吸引・胃ろうによる経管栄養を対象にモデル事業を実施、その結果を受けて、2010年4月1日付で、医政局長名による「特別養護老人ホームでのたんの吸引等の扱いについて」（通知）を各都道府県知事あてに発出した。これにより、2010年4月から、全国の特別養護老人ホームで、一定の要件のもとで、介護職員が、入所者のたんの吸引、胃ろうによる経管栄養の処置が行えるようになった。しかし、法改正をともなわない、通知によるなし崩し的な規制緩和は、医療行為を介護職員に安上がりに担わせようとするもので（医療保険の診療報酬に比べて、介護保険の介護報酬ははるかに低い）、介護職員の過重・過密労働を拡大し、現場での介護事故を増大させることとなろう。

なお、2009年改定では、夜勤などの手厚い人員配置に対する評価（加算）はあるものの、人員配置基準の引き上げはなされておらず、これでは介護労働者の過重・過密労働化は解消されず、離職者の増大に歯止めをかけることも難しい。介護療養型医療施設の受け皿とされている介護療養型老人保健施設（いわゆる転換型老健）の単価も引き上げられてはいるが、この程度の引き上げでは、転換は進まないと予想される。

4. 厚生労働省の介護保険見直しの限界

かくして、2000年時点で、介護保険制度導入を積極的に支持してきた研究者や市民団体も、改正介護保険法に賛成した民主党も、いまや同制度の問題点を指摘せざるをえなくなっている。何よりも、前述の3％の報酬引上げ部分への公費投入、さらに介護職員処遇改善交付金など、介護保険に膨大な公費が投入され続

けることは、社会保険の財政方式としては健全なものといえない。当然、社会保険論者からは、これらの公費投入は、負担と給付の対応関係を崩すものと批判が加えられることとなる。かといって、保険財政の原理を貫徹すれば、介護保険料の大幅引き上げは避けられないという深刻なジレンマがある。

　結局、現在の逆進性の強い保険料負担の仕組みを修正するなど、ある程度の介護保険料の引き上げに対応できる仕組みにしないかぎり、介護保険のジレンマは解決できない。その意味で、社会保険方式の見直しも含めた介護保険の抜本的見直しが必要なのだが、厚生労働省の介護保険見直しは小手先のものにとどまり、問題を先送りにしたにすぎない。

　前述のように、介護報酬引上げにともなう保険料値上げ分を公費で賄う措置は、2011年度にはゼロとなり、2012年の介護保険料改定では、2011年度の分も含めて3％の引き上げ分が、そのまま保険料負担に反映されることになり、高齢化の進展にともなう要介護者の増加もあり、厚生労働省の試算で、全国平均で15％以上、平均月額5,000円以上と、介護保険料の大幅引き上げが予想されている。介護職員処遇改善交付金についても、2011年度かぎりの暫定措置であり、その後は、措置を継続するのか否か（継続しないとなれば、いったん引き上げられた介護職員の給与が再び引き下げられることになる）、継続するとしたら、また公費を投入するのか、介護報酬の形で介護保険料に反映させるのかの選択を迫られることになる。後者の場合、さらなる介護保険料の引き上げは避けられない。

　いずれにせよ、高齢者は、保険料だけ年金天引きで有無をいわさず徴収され、介護の担い手は圧倒的に不足し、施設も満室で入れず、介護療養型医療施設は閉鎖される。それに追い打ちをかけるかのように、介護保険料は大幅に引き上げられる一方で、要介護認定の厳格化によって、必要なサービスを利用できなくなる高齢者が続出する。これでは、介護保険制度に対する国民の信頼失墜は決定的なものとなるだろう。そして、介護保険制度を維持するために膨大な公費を投入し続けていかなくてはならないとすれば、なぜ高額の保険料をとられなければならないのかという不満が高まることも不可避である。

　高齢者福祉を社会保険方式で行うことの限界が明らかであるにもかかわらず、介護保険制度は崩壊寸前の状況にあるにもかかわらず、厚生労働省にとっては、

介護保険は、いまだに成功事例と認識されており、介護保険法をモデルにした社会福祉法制の再編の方向、つまりは「福祉の介護保険化」の方向は断念されていない。

5. 介護保険のゆくえと今後の課題

(1) 高齢者・障害者総合福祉法の構想

　最後に、以上の考察を踏まえたうえで、介護保険のゆくえと今後の課題を展望する。

　もともと、介護保険法の施行には、医療の給付から福祉的な部分を切り離すことで、医療費（とくに高齢者医療費）の抑制を図る目的があったが、それゆえに、前述のように、医療制度改革により、必要な医療やリハビリが受けられなくなった高齢者の受け皿として介護保険の給付を再編していく方向がみられる。しかし、こうした方向は望ましいとはいえず、介護保険の給付のうち、訪問看護などは医療の給付に戻し、福祉サービスの給付に特化したほうがよい。そして、そうなれば、年齢によって障害者と高齢者の福祉サービスに差異を設ける必然性はない。社会福祉法制再編の方向は、介護保険方式ではなく、公費方式で、公的責任により、サービスの質を確保する現物保障型の仕組みを再構築すべきである。現行の公的保育制度こそがモデルとされるべきと考える。[8]

　私見では、社会福祉を「福祉」の名に値しない制度へと変えてしまった介護保険法と障害者自立支援法は廃止し、訪問看護や老人保健施設の給付などは医療保険の給付にもどしたうえで、高齢者・障害者への福祉サービスの提供は、全額公費負担の現物給付方式で行う高齢者・障害者総合福祉法を制定すべきと考える。

　社会保障運動としても、ここまで介護保険の限界が明らかになってきている以上、介護保険法は廃止し、新たな高齢者福祉の在り方を議論していくべきだと考える。これまで、社会保障運動は、後期高齢者医療制度や障害者自立支援法は廃止を要求してきたが、なぜか、そのモデルである介護保険制度については、改善を唱えるだけにとどまっている。

(2) 民主党政権は「福祉の介護保険化」に歯止めをかけうるか？

　問題は、民主党政権のもとで、こうした「福祉の介護保険化」の方向に歯止め

をかけうるかである。

　これまでみてきたように、介護保険法や障害者自立支援法に代表される「福祉の介護保険化」は、わずかな年金だけで生活している高齢者・障害者に過酷な負担を強い、経済的理由によるサービスの利用抑制をもたらし、介護を必要とする高齢者・障害者に対して必要なサービスを打ち切り、生きる気力さえも奪い取っている。さらにいえば、福祉給付（現物給付）の公的責任を投げ捨て、福祉サービスを商品化し市場に委ねることで、前述の「静養ホームたまゆら」火災事件のように、行政も、誰も責任をとろうとしない「無責任体制」を生み出している。「静養ホームたまゆら」については、近隣の住民から、たびたび劣悪な施設環境や火災の場合の危険性が指摘されていたにもかかわらず、生活保護受給者を入所させている東京都墨田区も含め群馬県など自治体は何も動こうとしなかったという（公的責任を放棄し、市場に委ねるということは、そういうことであろう）。犠牲になった人は、親族からも、そして国・自治体からも見放された、行き場のない高齢者であった。

　また、現場の介護労働者は、過酷な労働環境に置かれ、あまりの低賃金のため、将来設計を立てることができず、健康を損ねたり、介護事故などを起こし、次々と離職していく。「福祉の介護保険化」が生み出している、こうした諸問題は、高齢者や障害者、さらには現場で働く介護労働者の人権問題として捉えられる必要があり、人権問題化している諸問題にこそ、研究者や法律家の目が向けられるべきである。実際、障害者自立支援法の応益負担を憲法違反とする障害者自立支援法訴訟が各地で提訴され、それを受けて、民主党政権のもとで障害者自立支援法の廃止が宣言された。そして、2010年1月17日には、障害者自立支援法訴訟の原告・弁護団と国（厚生労働省）との間で基本合意書が結ばれるにいたっている。一方で、法律家の動きに比べ、政治（家）や研究者の反応は鈍い。むしろ、現場で生じる問題を十分検証せず、介護保険の構造的問題や限界を認識しないまま、厚生労働省の考え方を追認し、いまだに介護保険を「介護の社会化」を実現してきた（できる）制度と確信している研究者もいる。民主党議員の大半も同様ではないかと思われる。結局、前述のように、民主党政権の新自由主義路線への急旋回が鮮明になっている現状では、民主党政権のもとで、「福祉の介護保険化」に

歯止めがかかるどころか、逆に推進されていくこととなろう。

(3) 反故にされつつある障害者自立支援法・後期高齢者医療制度の廃止

確かに、民主党は、マニフェストにおいて、介護労働者の待遇改善（介護職の4万円給与アップなど）や障害者自立支援法の廃止と「障がい者総合福祉法」の制定を打ち出し、後期高齢者医療制度の廃止も掲げ、前述のように、長妻厚生労働大臣も、主任早々、障害者自立支援法の廃止を宣言した。

しかし、「障がい者総合福祉法」の内容については、利用者負担を応能負担とすること、サービス支給決定制度を見直すこと以上のことは明らかでなく、しかも、民主党内には、当選した新人議員も含め障害者自立支援法に詳しい議員がほとんどおらず、廃止の公約が実現するか不透明な状況にあるという。後期高齢者医療制度についても、新制度を検討したうえで、2012年度末までに廃止するとしているが、民主党がマニフェストで掲げている、医療保険制度の一元化という新制度案には異論が多く、内容もほとんど検討がなされておらず、このままでは、ずるずると後期高齢者医療制度が存続、もしくは、介護保険と統合したうえで、高齢者医療・介護保険制度として再編される可能性がある。

そもそも、民主党が、障害者自立支援法や後期高齢者医療制度の廃止を公約したのは、法制度を熟知して、「福祉の介護保険化」に反対したというより、障害者自立支援法や後期高齢者医療制度に対する世論の批判が強く、それに迎合したにすぎない。何より、障害者自立支援法や後期高齢者医療制度の廃止をいうのであれば、当然、そのモデルとなった介護保険法の廃止もいうべきなのに、介護保険については、介護労働者の待遇改善以外の政策はなく、基本的に制度維持の立場である（もっとも、介護保険法の廃止を打ち出している政党は皆無で、日本共産党ですら、社会保険方式維持、抜本見直しの立場である）。

(4) 今後の課題

以上のことから、民主党政権のもとでも、「福祉の介護保険化」に反対する運動や世論への働きかけが、これまで以上に重要になってくると考えられる。障害者自立支援法については、当事者を中心に、廃止の声が高まっていることを踏ま

えれば、社会保障運動や研究者の側からも、介護保険法廃止と新法制定の運動を打ち出す時期にきているのではなかろうか。

　介護保険制度が存続しているかぎり、障害者自立支援法が廃止され、福祉サービスの利用者負担が応能負担となっても、当該障害者が65歳以上になれば、介護保険が優先適用されるため、介護保険適用の福祉サービスについては、再び応益負担が課せられる。また、後期高齢者医療制度が廃止されても、高齢者医療の多くを介護保険の給付に移せば（もしくは、高齢者医療・介護保険制度が創設されれば）、後期高齢者医療制度と同様に、高齢者の医療は制限されるし、後期高齢者医療保険料が実質的に介護保険料に上乗せされ、年金からの天引きは続く。

　厚生労働省も、次期介護報酬改定時（2012年）に向けて、2011年には、介護保険法改正法案を提出する予定という。それに対抗する形で、介護保険法廃止法案と高齢者・障害者総合福祉法案を構想し、立法化させる運動を提起したい。研究者も、介護労働者問題の分析だけでなく（もちろん、この問題解決も重要な課題ではあるが）、新法の対案構想を示すなど、そうした立法運動に積極的に関与していくべきと考える。

〔注〕
(1) ここで、「新自由主義 (Neoliberalism)」とは「新保守主義 (Neoconservatism)」などの名称で呼ばれることもあるが、D・ハーヴェイの定義によれば、「強力な私的所有権、自由市場、自由貿易を特徴とする制度的枠組みの範囲内で個々人の企業活動の自由とその能力が無制約に発揮されることによって人類の富と福利が最も増大する、と主張する政治経済的実践の理論」（D・ハーヴェイ、渡辺治監訳『新自由主義―その歴史的展開と現在』作品社、2007年、10頁）とされる。要するに、市場活動を行う企業への規制を大幅に緩和し、社会保障費を抑制し「小さな政府」を指向する政策思想といってよい。
(2) 詳しくは、伊藤周平『後期高齢者医療制度―高齢者からはじまる社会保障の崩壊』（平凡社新書、2008年）115頁参照。
(3) 介護保険料負担と生存権侵害の問題について詳しくは、伊藤周平『介護保険法と権利保障』（法律文化社、2008年）264頁以下参照。
(4) これは、前述の後期高齢者医療制度の財源構造と給付抑制の仕組みと同じである。というより、後期高齢者医療制度が、介護保険の財政構造と給付抑制の仕組みをモデルに組み立てられたといってよい。伊藤・前掲注(2)148頁以下参照。
(5) 療養病床の再編計画の経緯については、伊藤・前掲注(2)100頁以下参照。

⑹　介護保険法のもとでの介護労働者の労働条件悪化の原因について詳しくは、伊藤・前掲注⑶199頁以下参照。
⑺　ただし、介護保険の維持期リハビリの普及が遅れているだけでなく、その質にも問題点が指摘されているため、維持期リハビリの介護保険への純化＝医療保険からの維持期リハビリ外しを強行すると、2006年の診療報酬改定で社会問題となった「リハビリ難民」が再び発生する危険があるため、2012年の同時改定時のリハビリ外しの可能性を否定する見解もある。二木立「政権交代と今後のリハビリテーション医療」『地域リハビリテーション』5巻4号（2010年4月号）327頁参照。
⑻　現在の公的保育制度の仕組みについて詳しくは、伊藤周平『保育制度改革と児童福祉法のゆくえ』(かもがわ出版、2010年）39頁以下参照。また、高齢者・障害者総合福祉法の具体的な内容構想については、伊藤周平『雇用崩壊と社会保障』(平凡社新書、2010年）244頁以下参照。
⑼　障害者自立支援訴訟については、伊藤周平『障害者自立支援法と権利保障―高齢者・障害者総合福祉法に向けて』(明石書店、2009年）4頁以下参照。
⑽　典型的には、『現代思想』37巻2号（2009年2月号）誌上の「労働としてのケア」における上野千鶴子東京大学教授の発言を参照。

現場から見た〈介護〉の幾つかの特性と介護労働の現状
―― 政治改革の遅れに強いられる持久戦略 ――

水野　博達
(社会福祉法人ふれあい共生会)

はじめに

　介護労働力の欠乏と介護現場の疲弊という現実は、介護保険制度の危機の象徴であると筆者は考える。

　2009年4月、「介護報酬3％を引き上げ、賃金2万円アップ」と喧伝された介護報酬改定は、3％分が、加算減算方式による新サービス体系の誘導の原資に使われた。加算を取るために新たな職員態勢を整える必要も生まれ、現任職員の処遇改善に回る分はわずかとなった。また、在宅系サービス事業所では、介護報酬単価の加算を取ってみると、利用者の自己負担分が値上げになる。その結果、利用頻度を抑制する利用者も生まれ、サービス提供地域に低所得者層が多い事業所では、収入減になったりして、職員の処遇改善につながらなかった事業所もあった。

　2009年10月からの介護職員への「処遇改善給付金制度」は、介護職員を対象にした給付であるため、関連他職種の処遇改善の給付金は支給されない。給付金申請の大変な事務作業を行う事務職員への給与補填はない、何年この給付が続くか不明、職種間の緊張・対立を生みかねない、などの理由で給付金の申請を断念した事業所もあった。

　そもそも、介護職員の全国平均賃金は21万3,000円、全産業の平均賃金は31万8,000円。この10万以上の格差は、何か？　ここが、本当は根本問題である。しかし、いずれにしても、国の政策の上でも、介護労働者の処遇改善を含めたケアの社会的位置付けと方向性が明確ではない。介護・福祉にかかわる政治の遅れは深刻である。

　私の報告の一つは、今日の介護労働力の現状とそれを招来させた要素は何かの

検討・分析。

　二つには、私の所属法人では、政治の遅れが今後も一定期間続くことが予測される中で、ケアのあり方を日々改革する営為を続けるために、どのような経営戦略をとらざるを得なかったか。

　この二点を中心に報告を行うが、前者は、大阪市社会事業施設協議会の「福祉人材確保についてのアンケート調査報告書」(2009年3月、以下「報告書」と略す)の分析作成作業の中で、後者は、私の所属する法人で労組代表等と2年間にわたる賃金・人事労務体系の改定作業の中で、それぞれ考えたことが報告のベースになっている。

1.「生活者」の視点で見る介護とその役割

　2000年の介護保険制度導入を前後して、福祉・介護の世界で、「自立支援」「自己決定」「選択」など、個人の自立・尊厳という考え方が強調されてきた。こうした流れと機を一にして、QOL（生活の質、生命の質、生涯の質）の重要性が語られ、ケアの対象を「生活者」として看る視点が求められるようになった。この意味から考えていくことにする。

(1)「生活と暮らしを整える介護の働き」という特性

　「生活と暮らしを整える介護の働き」という特性について、「生活モデル」と「医療モデル」との対比で考えてみる。

　私が、特別養護老人ホームで仕事を始めた1995年頃の話である。看護師とケアワーカー（＝介護職員）との対立をはじめとして、各職種間の対立という事態が日常的に起こった。管理態勢が未成熟という問題もあったが、看護師とケアワーカーの〈対立と相互不信〉という現象は、今でも多くの特養ホームや老健施設で繰り返されている。ここには、従来の医療機関でなされてきた「傷病を治す」行為と「生活と暮らしを整える」介護の働きとの考え方や習慣の相違、さらに言えば、価値観の相違があるように思える。

　医療機関でなされてきた「傷病を治す」という営為は、どのような組織構造の中で実践され、経験・知識・技術が蓄積されてきたかを図示すれば、図1のよう

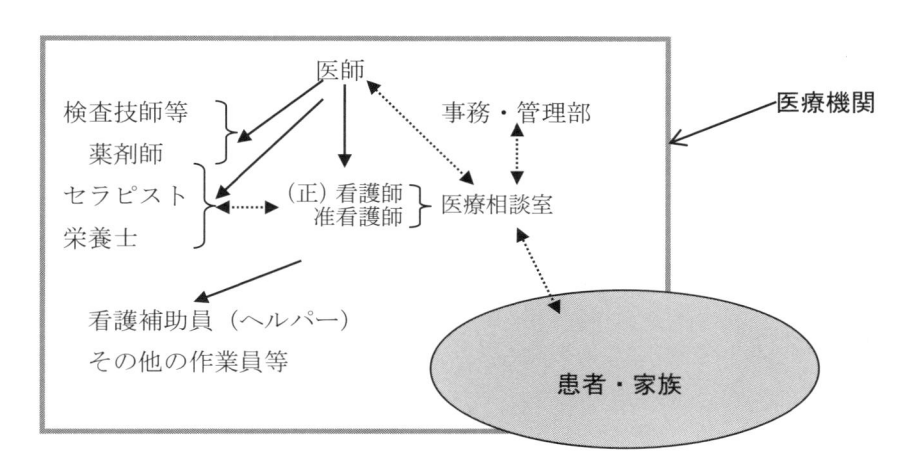

現場から見た〈介護〉の幾つかの特性と介護労働の現状

図1 医療機関の階層的機能・組織構造

になる。
　従来の一般的な医療機関での職員配置のあり方は、医師を頂点にした階層的構造となっており、利用者・住民からは〈閉じられた専門職の階層構造〉となっている。

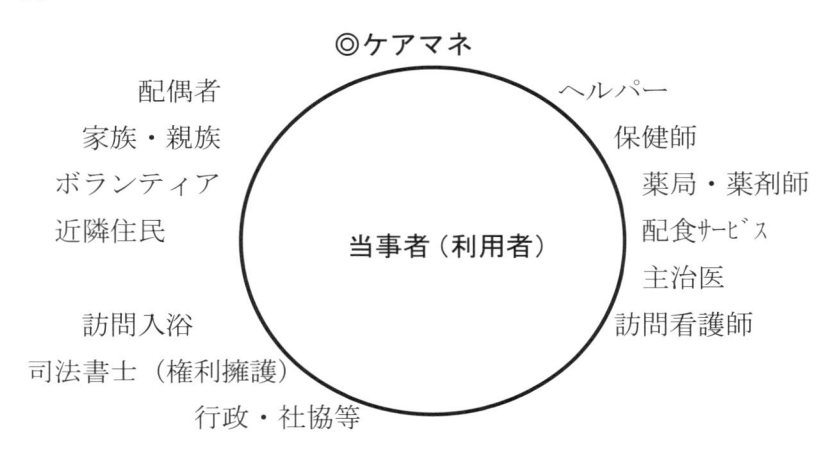

図2 在宅ケアの非階層的で開かれた構造（＝エコマップ）

特集　介護労働の多面的理解

　他方、「生活と暮らしを整える」という介護の営為の典型である在宅介護（療養）の組織構造を図示すれば**図2**のようになる。「生活と暮らしを整える」在宅ケアの組織構造は、「エコマップ」とも言われ、「生活モデル」の考え方を代表している。エコマップの輪をある点を基点に切って展開しみると**図3**のようになる。「医療モデル」は、簡素化はできるが、展開することができない。

　医師の下に、垂直的なヒエラルキーの分業となる「医療モデル」と比較して「生活モデル」は、当事者・家族を支える各メンバーは、当事者を中心にした水平的な分業であり、各メンバーは対等の関係となる。

　この相違は、分業のあり方の違いであるとともに、以下のような意味合いがあると考えられる。「医療モデル」は、近代の産業や軍隊の組織構造・社会構造を反映しており、対象の客観的分析、合目的的思考を代表しており、医療行為の期間やゴールを設定した「専門職の閉じた」体系である。「生活モデル」は、非近代の社会関係——前近代及びポストモダン（脱近代）の両方の社会像——を反映しており、多元的価値観（＝主観の尊重）、と、行為・対話の主体と対象が双方向に入れ替わる「開かれ、往復・循環する」関係が重視される。

　「生活と暮らしを整える」介護において、サービスを受ける当事者のQOL（生活の質、生命の質、生涯の質）が重視されるということは、介護する者と介護される者の双方向に開かれ、往復・循環する関係の中で行われて初めて実現される

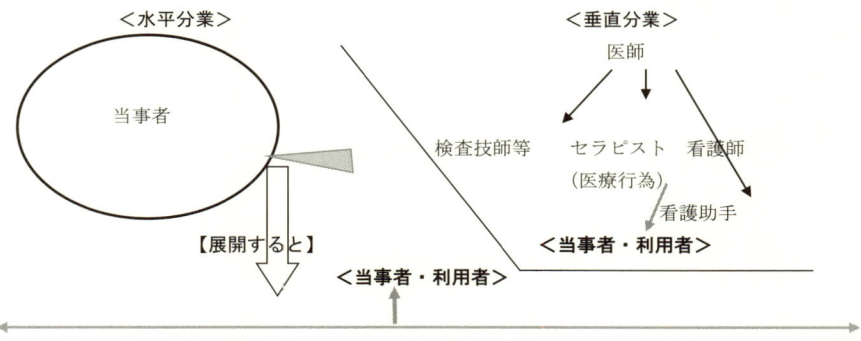

図3　エコマップの展開図と「医療モデル」の簡略図

もであると言える。

(2) 家庭・地域での介護・育児（アンペイドワーク）と賃金労働

　近代的産業社会の成立以前は、家事を含めて、看護・介護・育児などのケアは、家庭・地域での「親密圏」における営為であった。今日と違って、農村共同体が典型的であったが、育児は、祖母・祖父（高齢者）と（年上の）子ども自身が担っていた。

　ナイチンゲールの生きた時代を想起すれば、近代的産業及び近代的軍隊制度の発展にともない、医療・公衆衛生、教育が専門職として位置づいていったことがよくわかる（専門職⇒賃労働の流れである）。しかし、他方で、近代的家族での家事・育児・介護は、未だ、家庭内の女のアンペイドワークとしての「仕事・役割」であった。

　産業社会の発達にともない、女性の社会進出・賃労働化が進み、第二次大戦後の福祉国家の下で、育児（保育）・介護が時期をずらしながら、順次社会化されてきた。他の職種の労働と比較して、保育・介護にかかわる労働が、大規模に賃金労働市場に組み込まれるようになったのは最も遅く、日本でも、100年も経っていない（アンペイドワーク⇒賃労働への流れである）。

　保育・介護労働は、こうした歴史的経過ともあいまって、家庭・地域における『親密圏』での営為と重なる面が多いこともあり、家族や地域のボランティア的な非専門的な働きと、有資格者の賃労働者の専門性に基づく働きとの共通性、区別性及び関連性が必ずしも明確にならない面がある。

　すなわち、共（協）助・自助・公助の3者関係の絡みで、介護・育児の社会化における、（地域）コミュニティーの役割、政府（公共）の役割、市場の役割という3者の（混合）関係とそのミックス度合い、あるいは、ケアとうい働きの「専門性」と「非専門性・日常性」の関係の整理など検討すべき課題が多く残されている。

　この課題を検討する上で、日本では問題をわかりにくくしている要因として、1990年代以降も継続された「日本型福祉」の考え方が絡みついている。介護の課題を家庭と地域社会の機能を発揮して日本型の福祉を構築しようとする考え方は、結局は、家庭における女の役割（＝「男女役割分業論」）を外延化し、主婦（＝

特集　介護労働の多面的理解

安定的な家庭の専業主婦）の家庭の内と外での労働力（その多くは、アンペイドワーク、あるいは半ペイドワーク）への依存戦略であったと言える。これらの点は、後に述べるが、介護保険制度の導入（＝福祉サービスの市場化）以前の介護労働市場（とりわけ、ホームヘルパーの労働市場）の形成過程に大きく作用し、結果として、介護の仕事の社会的認知度（社会的価値付け）を低くし、低賃金労働市場を形作ることに作用したのである。

(3) 介護の職能と他の職能との関係（重なり合う職能・職域）

「ケア」という概念・領域は、医療関連の仕事を含めて考えてみるとどうなるか。不断に福祉・医療の領域で再生される看護と介護との職域の線引きの争いをどのように考えるか。「キュア」と「ケア」の相違と連関と言われても必ずしもわかったようでわからない問題が常に付きまとう。

この福祉・医療の仕事の職域・職能を、利用者の自律的生活の回復・維持、すなわち、QOLの向上に向けた「条件整備」の機能・役割で考えると、「環境的・機能的条件整備」「日常の生活と暮らしの（総合的）条件整備」「社会的・心理的条件

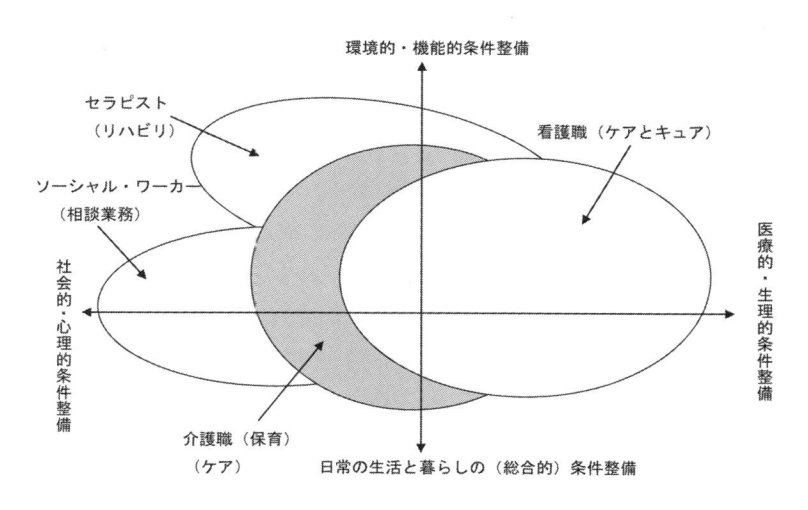

図4　支援機能の4極座標で見る福祉・医療職の各職域（職能）の布置図

整備」「医療的・生理的条件整備」の四つに区分してみることができる。このような四つの「条件整備」の機能・役割を4極座標にして、その布置関係を図示してみると図4のようになる。

　福祉・医療職の職域（職能）における、支援機能の4極座標から各職域（職能）の配置図を描くと、それぞれの職域と専門性は膨張しながら重なり合い、一方では、職域の「争奪戦」と、他方では「分業／協働」が要求される関係であることが読み取れる。

　その上で、歴史的には最も遅く社会化・市場化されてきた介護・保育職（＝ケア労働）の「日常的な生活と暮らしの条件を総合的に整えていく職能（職域）」の「専門性」とは何かという評価と社会的認知・合意が問われているということである。介護より少し早く登場した保育職は、これまでに、教育理論、発達心理などを巻き込みながら一定の保育の専門性を標榜できる「保育理論」を作り上げてきた。介護は、まさに、これからであると言えるが、「介護の専門性はない」という主張は、この過渡期に対する認識の欠如であると、筆者は考える。

2.「市場化」を導入した介護労働

　2000年まで、保育・介護等のケアは、本来家庭機能で賄うものであるが、家庭にその機能に欠けるところがある場合は、行政サービスとして、その「欠ける分」を提供するというのが「措置制度」であった。税を中心に公共機関、あるいはそれに準ずる社会福祉法人などの機関・施設においてサービス提供を行ってきた。2000年の介護保険制度を皮切りにこれらのサービス提供に市場原理が大幅に導入された。次に、この点を見ていく。

(1) 介護労働力不足の要因に関する認識

　「はじめに」でも述べたが、今日、介護職員の賃金は全国平均が21万3,000円。全産業の平均賃金が31万8,000円。10万以上の差がある。近年、介護・福祉は、人材難で、職員が集まらないので、施設がオープンできないという新設法人もあったりする。

　こうした介護の労働力不足に対する認識は関係者の中で大雑把に言って以下の

三つの傾向に集約される。

　一つ目は、景気変動の関係を主要な原因と見なすというもの。つまり、不景気になったら労働者が介護労働市場にたくさん入ってくるという、労働市場自然調整論とでも言うべき諦観とも楽観論とも言える経験的感覚である。
　二つ目は、介護報酬の低さを含めた福祉予算削減の圧力に原因を求める認識である。政治への解決を求める「右・左」の動きと、政治不信による諦観のアマルガム状態と言うべき症状を福祉関係の世界では呈している。
　この上記二つは、介護・社会福祉事業経営者の多くが抱く認識であろう。
　三つ目は、一部の社会福祉研究者が唱える福祉関係事業の経営者がいい加減だからこんなことになったのだという経営責任論。あるいは、一部の福祉コンサル業界からは、生産部門や大企業では労働力を三層構造に分けて、流動化できる労働力はいつでも補充がきくようなシステムにしている。そういう業務分析が福祉では遅れているから、福祉労働市場に人が上手く流れ込まないのだという人事・労務管理の未成熟論である。

(2) 福祉の労働市場は「疑似市場」

　前節の経験的感覚、政治的認識、あるいは、一面的な福祉経営者無能論などを超えて、トータルな視点で分析する視角を考えてみた。介護・福祉事業の労働市場を規定するファクターの相関関係を概念図で示すと図5のように三つに整理することができる。

　一つ目のファクターは、他産業の労働市場との関係で決まる部分で（図の①）のファクター。外部労働市場との競争的関係の要素。
　二つ目は、図の③にあるように、各事業体の人事・労務管理体制で、これは「内部労働市場」と言い換えることができる要素。
　三つ目は、福祉の市場では非常に大きな社会的・法制的規制がある（図の②）。日本の福祉の場合は市場化されたといっても、ほとんどこれで規定されている。
　②は、市場としての機能は部分的にしか働かない「準市場」あるいは「疑似市場」

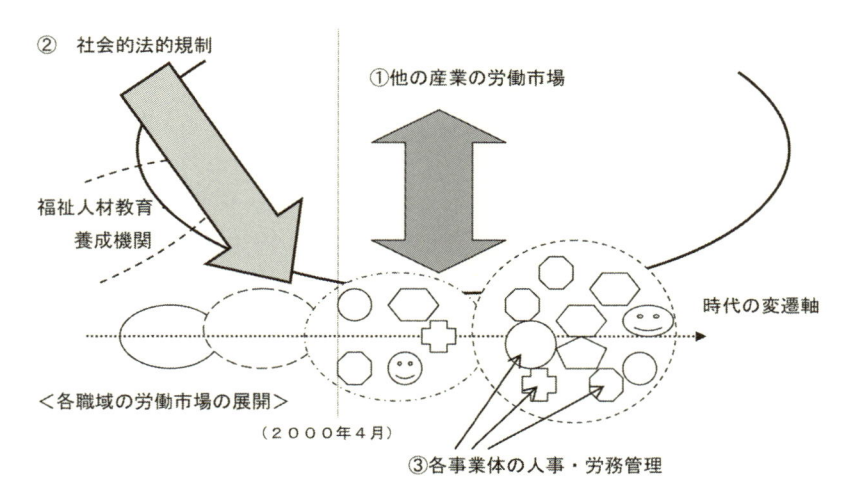

図5　福祉の労働市場を規定する「三つのファクター」

注）日本の福祉労働市場を規定する「三つのファクター」は、職業別労働運動の強かった欧米とは異なり、企業別の枠組みの強い日本の大企業の労働市場について、「外部労働市場」よりも「内部労働市場」の規定力の強さをその特長として見る労働経済学の立場があった。これをヒントに三つの要因・側面に区分してみると、福祉の労働市場では労働組合や職能団体の規制がほとんど影響していない。なお、労働市場への新規の参入や退出の影響は省略して概念化した。

と言われるスキームを形成するのに最も大きなファクターとなっている規制である。公共サービス事業に市場原理を導入し、福祉ミックス論あるいは多元福祉論と言ったりする準市場をコントロールする規制である。

　要するに、この準市場（＝福祉ミックス）は、政府の失敗を市場でどれほど解決できるのかという観点でスキームが作られる。日本では、ほとんどがこの②の規制で支配されている。介護報酬、職員の養成制度、利用者に対して職員何対何比率の配置基準、施設・設備の設置基準など等、ほとんどすべてが法令で微細な要件まで規制され、ケアの個々の単位も非常に細かく決められる。市場が自律的に調整できる要素はほとんどないという現実である。

　要するに、三つの要素の中で、②の社会的・法的規制が一番大きい力を発揮する。対抗すべき労働組合や労働者からの規制は、福祉の労働市場ではほとんどない。しかも他産業の外部労働市場との関係では福祉労働者は完全に押しつぶされ

た構造になっている。

　ただ、市場原理が導入された2000年以降では、③の「内部労働市場」の要素、すなわち、各経営の人事労務管理の相対的独自性（経営責任）を重視する必要がある。なぜなら、従来の措置制度では、民間給与改善費を行政から支給を受けるためには、行政が示した公務員準拠の給与体系(賃金表、前歴換算表など)に沿って人事・労務管理がなされることが要求され、事実上統制された「内部労働市場」であった。この規制がなくなったり緩和されたりすることにより、同一職域では、一定の共通性とその中での各経営の独自性をともなう（例えば保育所なら保育職種の一定の共通性と各保育所経営の独自性）「内部労働市場」とでも言うべき相違が拡大してきているからである。

(3) 世界的な労働の「3極化」と日本の介護労働力

　一般の労働市場の状況から見てみる。

　グローバリゼーションの時代の大きな世界的特長は、企業・職場から労働力を流動化させて労賃を引き下げることである。その手法は、労働力構成を中核的職種と周縁的・流動的労働力に分解し、①中核的職員＝正規職員／②専門的職員＝派遣・契約型職員へ／③周縁的・流動的職員＝パート職員あるいは外注化へと3極化するというものである。

　③は、いつでも置き換え可能な半失業的労働者群の創出である。②は、企業が、人材養成のコストをなるべく負わないで、即戦力となる専門職を流動させながら安価に使う方法である。福祉部門では、②の「専門職種の派遣・契約」は極小であるので、あまり目立たないが、その手法を取り入れている法人が増え始めているが、実態的には正規職員と臨時・パート職員の2極化が進んだように見える。

　こうした一般的な流動的労働市場に踏まえて、介護労働市場を見ると、介護の場合には、実は、二つの労働市場がある（あった）ことがわかる。

　一つは訪問系の介護労働者＝ホームヘルパー、もう一つは、入所施設やデイサービスなどの施設系介護労働者、この二つの類系の存在である。

　訪問系のホームヘルパーの中心は40代、50代の主婦層で、ヘルパー二級資格

の取得者が圧倒的多数である。施設系の労働者よりも意識や意欲が高い。家計補助的な収入（扶養控除額の限度内）で、自分たちの働きたい時間帯を選んで上手に働く。最近はそういう人が少なくなって補充がきかない状態が出現している。

　他方、施設系の職員は20代から30代の若い層であり、介護福祉専門学校を出ている人が中心で、介護の仕事で生活を立てていく将来設計をしている労働者群である。

　二層・二系列に分かれた労働力市場の形成過程を概観すれば、以下のようなことが言えるであろう。

　措置の時代に施設で介護を担った施設系労働者は、自治体直営か、あるいは社会福祉法人の職員であった。給与では「民間給与改善費」という公務員との賃金差をなくすための制度が存在し、民間給与改善費をとるためには、賃金体系などのが規制され、事実上、公務員より2～4号くらい低い賃金体系となった。（労働条件や年金の問題を考えると実際にはもっと低い）要するに、公務員賃金に似た年功序列的な、常勤正規職員向けに作られていた労働市場が、施設系の労働市場の出発点である。

　他方、訪問系の場合である。

　例えば、大阪市に社会福祉法人大阪市ホームヘルプ協会があった。ここでヘルパー講習などを受けた人たちが協会に登録をする。そして、大阪市が措置制度で「この人のところに何時、何時間行ってあげてください」ということを決めると、ホームヘルプ協会が派遣先を斡旋する。働いているヘルパーさんは、ホームヘルプ協会が雇用しているのではなく、「有償ボランティア」という位置付けで、雇用関係のないボランティアでアルバイトに毛が生えたような賃金であるが、「誇り高き労働者」であった。生活がそれなりに安定した子育てから解放された世代の「専業主婦」を戦力化する方策が取られていたのである。

　この介護労働における二層、二系列の労働市場が、介護保険開始までに出来上がっていたのである。

(4) 労働力問題を軽視した福祉ミックス論

　2000年の介護保険開始当初、介護保険の収入が増えてボランティア的なヘル

パー事業所は喜んだ。「福祉バブル」とも言われた。

しかし、2000年以後、コストダウンのために施設側もどんどん職員の非正規化を進め、二つの労働市場が入り交じり始める。それと同時に、グローバリゼーションによって高度経済成長下の新中間層は分解・縮小するとともに、新中間層であった主婦層が高齢化し介護労働市場から順次撤退し、ワーキングプアに近い「主婦層」が増大した。全体として、戦力化できる主婦層が非常に薄くなっていく中で、労働力の「流動化」が推し進められた。さらに、2003年、2005年、2006年と介護報酬がどんどん下がってきたこととが追い討ちをかけた。

実は、欧米の介護・保育労働市場を支えているのは移民や低所得者層であった。他方、日本では、「福祉ミックス」ということで市場原理を入れるとき、日本の社会福祉学者や政策担当者は、欧米の福祉労働市場が底辺層の労働力で担われていること、高齢化のスピードが異なること等に十分注意を払ったのかという点に疑問が残る。在宅福祉の担い手として、「日本型福祉」で主婦の戦力化が考えられたが、高齢化のスピードと労働力需要の増大、労働力の育成・供給に関して十分検討がなされたとは思えないからである。

福祉予算の膨張を抑制するための市場化圧力は、介護現場では、コストダウンをするために非正規化を促進した。「福祉ミックス論」は、日本の新しい生活システムを支えるための制度ではなく、小さな政府のための手法としてのみ導入されてしまった。その結果、労働力に関する問題が、今、大きくなって浮上してきたのだと言えよう。

(5) 「パート戦略」の破綻＝二つの介護労働市場の行き詰まり

大阪市社会事業施設協議会の「調査報告書」(老人だけではなく障害者、保育、生活保護も含めた施設の調査) に沿って、話を進めることにする。

「報告書」(5頁〜9頁)は、福祉労働者の共通意識は、「働きがいは感じるが、給与・社会的評価が低い」という結果であった (**表1、表2、表3**)。これは介護労働安定センターの介護労働者に関する調査のデータとほとんど同一の結果であった。

どの職域からも、自分の仕事は非常に働きがいがある、あるいは自分の能力が発揮できるというように、仕事に対しては誇りを持っている。しかし、給料が安

表1 「勤務先選択の理由」＝「働きがいのある仕事」の割合

(％)

	老人	保育	児童	障がい	生活保護
中堅職員	38.6	48.1	50	50.8	52.9
新任職員	27.5	41.9	45.5	41.9	47.4

表2 「勤務先選択の理由」＝「自分の能力・個性・資格が活かせると思った」

(％)

	老人	保育	児童	障がい	生活保護
中堅職員	25.3	23.6	20.0	21.3	5.9
新任職員	23.8	22.9	22.7	14.5	31.6

表3 「給与等が低い」

(％)

	老人	保育	児童	障がい	生活保護
中堅職員	53.0	36.8	50.0	52.5	52.9
新任職員	37.5	29.5	18.2	35.5	36.8

注)「現在の仕事上の悩み」について見ると、どの職域も「給与等が低い」というのが共通して高く、「児童」の新任職員を除いてすべての職域で悩みの第1番目が「給与等が低い」ということである（「児童」新任職員の場合は「入所者・利用者との関係」：27.3％が1番の悩みで「職場の人間関係」：18.2％とともに2番目が「給与等が低い」となっている）。「給与等が低い」という悩みと、表1で見たように、すべての職域で中堅職員も初任職員も、現在の勤務先を選んだ理由として圧倒的多数が**「働きがいのある仕事だと思った」**と述べていることをどう考えるか。

表4 正規・非正規等の職員構成（「基本情報」より）

	老人	保育所	児童	障がい	生活保護	計
① 常勤職員	1,684人	1,828人	470人	972人	379人	5,333人
② 派遣職員	122人	71人	2人	29人	7人	231人
③ 非正規職員	865人	668人	112人	436人	61人	2,142人
計	2,671人	2,567人	584人	1,437人	447人	7,706人
④ (②+③)の%	37%	28.8%	24%	32.4%	15.2%	30.8%

い、社会的評価が低い、という共通の回答となっていた。

また、「報告書」(**表4**)では、保育所も含めてどの職種もパートなどの非正規労働者・派遣労働者が増加している。保育も含めて市場原理が入り、非正規の比率

が増えた。ただし、生活保護施設は、非正規は少ない。まだ措置制度で市場原理は未導入である。年配の正規職員が多い。若いメンバーは社会福祉士の資格を持っていて、「いつまでも生活保護に頼っていてはいけないので、自立させる」という考えが強い。一方、ベテランの人は「まあ、そんなことを言ったって」というような雰囲気。熟年層と若い層で働き方なり働く意味や目標について違いがあることがデータから推察される。

　一番注目すべきは、転職に関する回答である（9頁〜12頁）。転職した理由の回答に「新しい勤務先が見つかった」という項目である。

　「新しい勤務先が見つかった」という転職理由が、中堅職員では「その他」に次いで二番目、新任職員では一番多い（表5-A、表5-B）。

　なぜそうなっているのか。その他のデータ（複数回答）や自由記述の内容を見ると、直近の仕事がパート・アルバイト、派遣、あるいは正規職員でも賃金が低

表5-A　（中堅職員）「直近の勤務先をやめた理由」で、「その他」を除く上位4位まで

(%)

	老人	保育	児童	障がい	生活保護
1位	①：9.6	①：8.5	①：15	①：14.8	①②④⑧
2位	③：8.4	③：4.7	②：10	②⑧⑨	：5.9
3位	④：7.2	②：3.8	④⑨⑩：5	：4.9	
4位	②：6.0	⑦：2.8	—	—	

表5-B　（新任職員）「直近の勤務先をやめた理由」で、「その他」を除く上位4位まで

(%)

	老人	保育	児童	障がい	生活保護
1位	⑤：7.5%	①5.7	⑦：9.1	①：11.3	①36.8
2位	③：6.3	③④⑥⑪⑬	①③④⑫	②④：8.1	④10.5
3位	①④⑥⑧	：1.9	：4.5	—	②⑤⑨5.3
4位	：5			⑦⑧：3.2	—

注）「直近の勤務先をやめた理由」の各項目
　①：新しい勤務先がみつかった　②：給与等が低い　③：職場の人間関係　④：勤務先の将来に不安　⑤：労働時間の希望があわなかった　⑥：仕事がきつい　⑦：自分の能力をのばす余裕がなかった　⑧：健康上の理由　⑨：有給休暇が取りにくい　⑩：定年・勤務先の都合　⑪：出産・育児・介護のため　⑫：結婚のため　⑬：兼任業務の負担や責任が重すぎた

いなど非常に労働条件が悪い。「もう少し良い条件のところが見つかったからそちらに移った」ということが、データは完全ではないが、状況証拠を重ねていくとわかってきた。

2000年以後、市場原理が入って、各経営者はコストダウンの手法として非正規化を進めた。「労働力の流動化政策」とは、流動化させることでコストダウンを図る政策であるが、その政策の結果、経営者の目論見以上に「流動化」してしまった。労働力は、良い労働条件に向かって流れていった。果ては、福祉からスピンアウトして外に流失、「介護現場から逃げる若者」という結果である。要するに、2000年以降の福祉労働者の流動化政策が破綻したことを示している。だから、不況になっても介護現場などの福祉労働については、新規参入は多くはないという結果となっているのである。

3. 介護報酬の低さと人事・労務政策のナローパス

社会福祉法人ふれあい共生会の人事・労務政策改定の作業経験を要約すれば、それは、介護報酬、福祉予算の抑制が続く中で、「より良いサービス提供」、「経営の持続性（人件費抑制など）」、「人材確保・育成（職員のやる気と成長）」というそれぞれ対立する要素を実現させる新しい人事・労務政策を策定することであった。それは、まさに「狭き門」「狭き路」を通り抜ける進路を探り当てる作業であり、政治の遅れの中で経営を持ちこたえさせる持久戦略の策定でもあった。以下、要約して報告する。

(1) 賃金・人事労務体系の改定の課題

課題の第一は、法人経営を持続させるに足る安定的な財務体質への転換である。その中心的な課題は75％を超える人件比率の改善であった。社会福祉法人では、60〜65％が事業の継続性を確保した健全経営の指標と言われているが、当法人はこの基準より10％以上も上回り、設備や建物を修繕する費用の捻出にも四苦八苦している状態で、年々法人の基礎体力が落ちている現状の改革である。

第二は、介護労働力不足に対応できる人事・労務政策を生み出していくことである。それは、何よりも人材確保と人材養成が、我が社会福祉法人に相応しく、

特集　介護労働の多面的理解

かつ、新しい福祉・介護のあり方を生み出す内容と方法の創造と結びつけることであった。

障害のある人をはじめ、様々な生きにくさを抱える人々を含めた「多様な人材の多様な働き方」(**図6**) を創出し、社会福祉に対する使命感と知識・技能を持っ

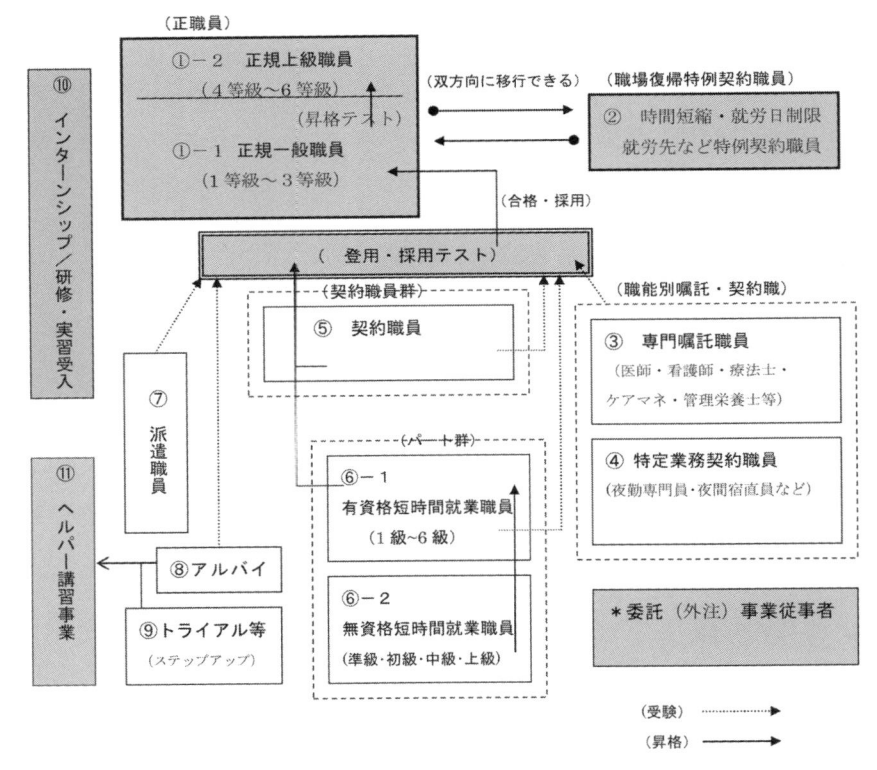

```
                    (正職員)
                ┌─────────────────────┐
                │ ①-2  正規上級職員   │ (双方向に移行できる)   (職場復帰特例契約職員)
                │     （4等級～6等級） │ ←─────────→   ┌─────────────────────┐
⑩               │         (昇格テスト)  │                │ ②  時間短縮・就労日制限│
イ               ├─────────────────────┤ ←─────────→   │    就労先など特例契約職員│
ン               │ ①-1  正規一般職員   │                └─────────────────────┘
タ               │     （1等級～3等級） │
｜               └─────────────────────┘         (合格・採用)
ン                          ↑↓
シ               ┌──────────────────────────────────┐
ッ               │       ( 登用・採用テスト )        │
プ               └──────────────────────────────────┘
/                                                      (職能別嘱託・契約職)
研               ┌─ ─ (契約職員群) ─ ─ ─┐          ┌─────────────────────┐
修               │  ⑤ 契約職員           │          │ ③  専門嘱託職員       │
・               │                        │          │  (医師・看護師・療法士・│
実               └─ ─ ─ ─ ─ ─ ─ ─ ─ ─ ─ ─┘          │   ケアマネ・管理栄養士等)│
習               ┌─────┐                              └─────────────────────┘
受               │ ⑦  │
入               │派遣 │  ┌─ ─ (パート群) ─ ─ ─┐   ┌─────────────────────┐
                 │職員 │  │  ⑥-1               │   │ ④  特定業務契約職員    │
⑪               │     │  │  有資格短時間就業職員│   │  (夜勤専門員・夜間宿直員など)│
ヘ               │     │  │    （1級～6級）     │   └─────────────────────┘
ル               │     │  ├─────────────────────┤
パ               │     │  │  ⑥-2               │
｜               │     │  │  無資格短時間就業職員│   ┌─────────────────────┐
講               │     │  │  (準級・初級・中級・上級)│   │ ＊委託（外注）事業従事者 │
習               ├─────┤  └─ ─ ─ ─ ─ ─ ─ ─ ─ ─ ─┘   └─────────────────────┘
事               │ ⑧  │
業               │アルバイ│
                 ├─────┤
                 │ ⑨  │
                 │トライアル等│
                 │(ステップアップ)│
                 └─────┘
                                              (受験) ·········▶
                                              (昇格) ─────▶
```

図6　人材養成・雇用の多元化

注）「人材養成・雇用の多元化」政策について
　　介護・福祉の人材難・人材養成難の時代基調を踏まえ、ふれあい共生会は「人材養成・雇用の多元化」政策を新たに実施する。
　　パート労働法の改正等による非正規職員の正規職員化や処遇改善への労働法制の流れを受けて、次の体系を整備する。イ、就労の多元的回路を整備、ロ、多様な経路からスキルアップと昇格・昇進を実現できる体系の整備、ハ、障がいを持つ人、子育て中の人、高齢者・若者など、就労の機会の奪われている人々の就労支援と雇用門戸の拡大、ニ、全体を通じて法人で働く職員の「多様な働き方」の条件整備を行って人材の確保と人材の養成・育成を計画的・系統的に推進。上記は、これらの体系を図示したものである。

た人材とともに、誰もが社会的な役割をもって結びつく働き方と、人々の繋がり方を創造する人事・労務政策への挑戦である。

また、適材適所の人事配置・異動や昇任・昇格（降格・減給）などを含めた人事の公明性を担保できる人事システムの構築である。

第三は、第一、第二と関連して、各事業の連携と総合化に基づくサービス改善と効率化を図るとともに、中期的な視点から法人の新しい事業計画や、現事業の適正化を検討し、経営の効率化と収入増を図ることである。

(2) 人事労務体系改定のコンセプト

第一に、時代の基調に合わせた体系への改定であった。

これまでの法人の賃金体系は、高度経済成長・インフレ時代の性格を色濃く残しており、年々定期昇給で自然増分が多額になり、人件費率を数年で高い水準に押し上げる体系であった。また、賃金ベースも大阪府下の他法人と比較しても高い水準となっていた。これを大阪府下の水準を参考に、デフレーションの時代の基調にあわせ昇給ピッチをの縮小を含めた賃金体系へ改定することであった。

わかりやすく言えば、「乏しきを分かち合う」賃金体系の構築（例えば、施設長などの幹部職員（6等級）の年俸は、現場職員（3等級）職員の年俸の2倍を超えない体系）と、昇格・昇任の新しいシステムの構築による人事の公正性・透明性を確保すること。

第二に、「きつい仕事は評価し、共に支え合う」公平と連帯の人事・賃金体系へ改定することであった。

事務職・福祉職・医療職と三本あった「給与表」を一本化し、各職種の賃金格付けを一本の賃金表で明らかにし、勤務実績による昇進・昇格制度（キャリア・パス）によって学歴偏重を解消したこと。配偶者への扶養手当を削減する一方で、単親家庭の子育てや障がい者を扶養する職員への手当を増額するなどの扶養手当の大幅改訂を行った。また、定年延長、高齢者の継続雇用制度を改定したことなどである。

第三に、「収益配分の適正化・民主化」を進めることで、定めた人件比率目標値を基準にして一時金の配分を行い、職員への収益配分を民主的に行う方法の導入

を考えた。

　これらの賃金体系の改革とともに、障害のある人をはじめ様々な生きにくさを抱える人々を含めた「多様な人材の多様な働き方」を創出し、誰もが社会的な役割をもって結びつく働き方と、人々の繋がり方を創造する人事・労務政策への挑戦であり、新しい時代をひらく人事政策を打ち出すことであった。

(3) 改定した賃金についての考え方

　第一に、新しい人事・労務系を構築する上で、コストダウンのための「パート戦略」は放棄し、「同一労働(価値)同一賃金」の体系へ近づける作業を行った。

　①正規職員の賃金の時給単価と短時間就労者の時給単価とを比較しながら、双方の賃金体系を作成した。その結果として、短時間就労者の時間単価が若干改善され、正規職員(ことに新規採用職員)の賃金ベースが下がった。②従来、採用テストの合格水準を高く保ってきたが、正規職員採用(1等級)の採用テストのハードルを低くし、短時間就労職員・契約職員が正規職員となる垣根を低くして正規職員化を促進した。また、③賃金表の一本化と格付けによって「同一労働(価値)同一賃金」の考え方が職場に浸透する「仕掛け」を導入した。

　第二は、福祉労働の特徴を踏まえた賃金とは何かを検討した。

　その結果、①正規職員の基本給は、年齢給と職能給の組み合せで構成した。年齢給には、二つの意味を認めた。一つは、介護報酬の低さにより収入が低い結果、「乏しきを分かち合う」賃金体系の構築を強いられているので、戦後の「生活給＝年齢給」の考え方を残さざるを得ないという意味。二つには、福祉・介護の仕事においては、資格や知識とは相対的別個に、社会的・私的な生活と人生経験が果たす役割を重視した。年齢給と職能給の組み合せで、いわば「役割評価の賃金」という考え方となった。

　第三は、学歴よりも採用後の働き・役割を重視する昇格・昇給体系(キャリア・パス)を構築した。

　①2等級時点で、学歴の意味が消え、職能・職務での貢献を人事考課で評価する賃金・人事管理体系とした。②3等級から4等級(管理職・専門職)への昇進には、昇格テストを導入した。③昇格・昇給とは反対に、降格・降給基準も明確にした。

これらによって、多くの福祉法人がもつ同族的・温情的な非民主的な人事・労務体質に流れることを防止し、人事・労務管理の公正化・透明化を発展させる体系構築を目指した。

おわりに

　人事・労務管理体系の改定によって、とりあえず、経営の建て直しを進めているが、改定した昇格・昇給体系（キャリア・パス）により、今後、年々人件費は自然増で膨張を続ける。飛び抜けて収益性の高い事業が見つかるか、あるいは、介護報酬をはじめとした福祉予算の増額による収入増がなければ、われわれの改革は、数年後に破綻する。あくまでも、当法人の改革は「持久戦略」なのである。この点は、心配の種である。

　介護人材不足を解消する手立ての一つとして登場した、介護職員給与改善給付金。各事業所が、これを受け取るための要件に「キャリア・パス」導入を厚生労働省は要求した。各法人・事業所でその検討がなされた。しかし、各法人・事業所は、介護職員以外の職種が働いている。介護職員だけに「キャリア・パス」を導入して、「他職種は知らない」ということでは人事・労務管理が上手くいくとは思えない。

　さらには、「キャリア・パス」を導入するということは、賃金体系のみならず、人事考課をはじめとした人事・労務管理体系全般の見直しと改定が必要である。例えば、公正で適切な人事考課システムの構築がなされていなければ、この「キャリア・パス」（あるは「キャリア・ラダー」）の階段を誰が昇っていけるのか。短時間就労者は、この「キャリア・パス」の埒外に置かれたままになるのか……。

　介護人材の欠乏を解消するという厚生労働省の施策についても、心配の種は尽きないのである。

〔引用・参考文献〕

　本稿は、2009年11月の第21回労働社会学会での報告をもとにしたものである。詳しい論述や参考にさせていただいた文献などの紹介は省略した形の報告となった。詳しくは、以下の資料・文献を参照されることをお願いする。

大阪市社会事業施設協議会・調査研究部会編集（2009年3月）「福祉人材確保についてのアンケート調査結果」大阪市社会事業施設協議会発行。
水野博達（2005年）「介護保険―尊厳を支える制度に向けた改革試案」『共生社会研究』no, 1、大阪市立大学共生社会研究会。
――――（2007年）「介護の革命の第二段階を目指す改革試案」『共生社会研究』no, 2。
――――（2008年）「重大な問題はらむ介護労働者の資格と人材確保指針の変更」『共生社会研究』no, 3。
――――（2009年）「日本における『福祉ミックス論』再考」『共生社会研究』no, 4。
――――（2010年）「障がい者の就労とベーシックインカム」『共生社会研究』no, 5。

ユニットケアはケアワーカーを幸せにするのか？

阿部　真大
（甲南大学）

はじめに

　本稿では、シンポジウムでの発表と議論をもとに、「ユニットケア」というケアの手法の導入がケアワーカーに何をもたらしたのか、考えていく。それは同時に、ケアワークに「専門性」を確立することが可能か否かという問いにもつながっていくだろう。

　ユニットケアとは、個別対応のケアを達成するための手段で、10名ほどの少人数の単位（＝ユニット）ごとのケアの提供を目的としている。ユニットケア以前のケアの手法は、「集団ケア」と呼ばれるものであった。集団ケアとは、大量の利用者を「集団」でケアする手法である。例えば、入浴は「芋洗い」と言われ、大きい浴槽に大量に入れて、「工場みたいに」一斉に洗う集団入浴をする。また、部屋は個室ではなく、多床の集団部屋である。ケアワーカーたちは、そんな施設でケアをしていた。

　そういう集団ケアに対して、もう少し高齢者の人権を考えましょうということで、ユニットケアという新しい手法が開発された。従来の集団対応のケアに対する反省から生まれたこのケアの手法は、「ケアする側からケアされる側へ」というスローガンと共に、全国の「先進的な」施設に急速に普及した。集団ケアが利用者全員に決まったケアを提供する「レディメイド」のケアであるのに対し、ユニットケアは利用者ひとりひとりに合わせたケアを提供する「オーダーメイド」のケア、と言うこともできるだろう。

　施設のユニットケア化を推進する厚生労働省は、「高齢者介護研究会」の報告書のなかで、ユニットケアの「原点」を次のように記している。

1994（平成6）年、ある特別養護老人ホームの施設長が、数十人の高齢者が集団で食事を摂る光景に疑問を抱き、少人数の入所者と共に買い物をし、一緒に食事を作り、食べるという試みを始めた。そして「一緒に過ごす、ごく普通の家庭の食卓にこそ意味がある」ということに気づいた。
　次に、「住み慣れた地域で暮らせるような策を」という発想から、民家を借り上げ、入所者に日中そこで過ごしてもらう「逆デイサービス」を始めた。そうした取り組みを重ねた結果、やがて職員から「4つのグループでそれぞれの家のような生活を」という提案があり、定員50名の施設を4つのグループに分け、グループごとに職員を配置し、利用者が起きてから寝るまで、同じ職員と共に生活する形態を採り入れた。
　こうして我が国におけるユニットケアの本格的な歴史が始まったと言われる。この事例からも分かるように、「介護が必要な状態になっても、ごく普通の生活を営むこと」に、ユニットケアの原点がある。（「2015年の高齢者介護」）

　私が調査を始めた時期（約6年前）は、ユニットケアに対する社会的な注目度が高まっていた時期であった。そこで、私たちのチームは、集団ケアからユニットケアへ移行して、ケアの現場にどういう変化が起こっているか調べようということで、神奈川、千葉、秋田、富山の4県の複数の高齢者介護施設でフィールドワークを始めた。
　ユニットケアは、理念だけを言うならば、それまでと違って利用者のプライバシーが守られ、それぞれの利用者の多様なニーズに沿ったサービスが提供できる、非常に理想的なものである。レディメイドのケアよりオーダーメイドのケアのほうが快適であることは、容易に想像がつくだろう。ユニットケアは、それを利用する高齢者たちにとっては、当然のように歓迎すべきものであった。特に、ユニットケアの最大の特徴である居室の個室化は、非常に評判がよかった。
　例えば、前の施設で4人部屋にいたある利用者は、1人部屋のほうが面倒でなくてよいと語った。仲間といると楽しいこともあるが、けんかしたりすると面倒で、気も遣わなくてはならないためである。また、ある病院で5人部屋を経験し

たある利用者は、ボタンを押せばすぐに職員が来てくれるので、1人部屋だからといって不安だということはないと語った。

しかし、実際に現場に入ってワーカーたちの話を聞いてみると、それは「表の姿」で、現実には、職場のユニットケア化は労働強化につながっているということが分かった。

集団ケアからユニットケアにすると、以前より多くの人員が必要となる。しかし、介護報酬はあまり上がらない。だから、人は増やせず、賃金も低く抑えられてしまう。ただ、その代わりに「やりがい」という点から考えると、以前の集団ケアよりも利用者との距離が近くなって、働く本人たちは非常にやりがいを感じている。その間のジレンマによって、働く人たちが苦しんでいる。

つまり、ユニットケアの光と影というのは、利用者の側からすると「光」であるが、働く側からすると労働強化という「影」になってしまっている。ユニットケアの「理念」のみが至るところで称揚されていた当時の状況を考えると、その両方を言わないと嘘になるのではないかと思い、『働きすぎる若者たち』(阿部2007)のなかで、この問題を論じた。

1. ユニットケアは感情労働か？

その本をもとに、詳しく見てみよう。例えば、ケアワーカーの膀胱炎の増加という問題がある。腰痛についてはしばしば語られるが、それは以前からあった職業病で、それに対し、膀胱炎はユニットケアがもたらした新たな職業病である。

ユニットケアの多くは個室なので、以前よりも見えない部分（死角）が増え、利用者が見えにくい場所に入ってしまうことが多くなる。だから、常に気をつかっていなければならない。さらに人が少ないため、「ひとり職場」になることが多い。だから、各々の持ち場を離れることが難しくなる。これが、ケアワーカーたちが膀胱炎になってしまう理由である。この状況をよく見ていくと、ケアワークにおいて、感情労働としての側面と肉体労働としての側面が、分かちがたく結びついていることが分かる。膀胱炎に至るまでの、両者が絡み合っていく過程を見ていこう。

社会学者の春日キスヨは、「高齢者介護倫理のパラダイム変換とケア労働」(2003)

という論文のなかで、ユニットケアにおけるケアワーカーの労働について、感情労働の側面から分析している。まず、ユニットケアの職場で働く彼らの感情面でのつらさを見ていこう。

ユニットケアでは、距離が近い分、ケアワーカーと利用者の関係は濃くなる。利用者との関係が良い場合はいいが、悪くなると、ワーカーの精神的な負担は非常に重くなる。利用者との関係の煮詰まりはつらいもので、それによってバーンアウトしてしまう人もいる。これが、感情労働としての介護労働のマイナスの側面である。あるワーカーは、最近、お年寄りが変わってきていると言う。大正終わり〜昭和生まれは「口が立つ」ので素朴な対応ができない。そういったメンタルな部分に耐えられない人は「ダメになってしまう」と言う。

「集団ケアから個別ケアへ」という流れのなかで、ケアワーカーたちは利用者のニーズをつかむことが可能となる。それは仕事のやりがいにつながるが、同時に、関係が悪いときは精神的な疲弊をともなうから、それを緩和するような措置がとられなくてはならない。ユニットケアに関するこうした説明は的確で、そのために社会学の世界では幅広く受け入れられてきた。

ただ、多くのワーカーにとって、それはすでに「織り込み済み」のことであり、利用者との悪い関係を打開する技術を身につけているようだった。そのひとつが「リフレーミング」である。例えば、暴言をはく利用者がいたとする。そういう人は注意すると怒るので、ひとまず暴言を受け入れた上で、その状況を再定義(リフレーム)する。「だめですよ」と言わないで、「観察力があるね」と言う。そうすると、つらい関係もなんとか乗り切れる。これがリフレーミングである。ユニットケアの労働は、たしかに非常にきつい感情労働であろう。しかし、それを乗り切ることが、プロになるための「踏み絵」である。相性の良し悪しで配置転換をしていたらきりがない。あるワーカーは、相性の良し悪しを乗り越えることこそが「介護のプロ」への道であると語った。

相性の悪い利用者との関係で煮詰まってしまう。感情労働の側面から指摘されるケアワークのこうした側面は、ケアワーカーが、比較的初期のうちに陥りやすい悩みであるようだった。そこで挫折し、現場を離れていった人はまだ幸せなのかもしれない。本当のつらさはその後に待っている。それが、精神的なつらさに

身体的なつらさが加わる、「蟻地獄」の状態である。

　ユニットケアは、利用者それぞれに個別に対応するために、動きが多くなる。ユニットケア建築の第一人者、外山義氏のチームが導き出した「ユニットケアはワーカーたちの身体的な負担を減少させる」という調査結果（外山 2003）に反して、集団ケアの施設を経験したケアワーカーたちから聞こえたのは、身体的な負担は以前とほとんど変わらないということであった。

　さらに、ユニットでは、1人のワーカーが複数の利用者を担当するため、そのための心理的なプレッシャーは非常に大きい。身体的な疲労に精神的な圧迫感が加わる。その負担感ははかりしれない。こうした状態を、1回入ると抜けられない「蟻地獄」にたとえたワーカーもいた。

　仕事をしていくなかで、ケアワーカーの「気づき」のレベルは上がっていく。そのため、利用者に対してしてあげたいことは次から次へと出てくる。しかし、人手が足りず、体がそれについていかない。これは、非常に危険なワーカホリックの状態である。ケア労働は「気づき」が重要視される労働であるがゆえに、頭のなかは自分なりのサービスが次から次へと湧き出てきてハイテンションな状態である。しかし、それに体がついていかない。彼女らはサイボーグではない。身体は蝕まれつづける。これが、感情労働と肉体労働がきつく絡み合った、ケアワークの問題である。

2. ケアワークの特異性

　ただし、ここまでの話は、決してケアワークのみにあてはまるものではない。自分のしたことが相手を喜ばせて、感謝される。それはうれしいことだし、やりがいにもなりうる。また、経験を積めば積んだだけ、利用者（お客さん）の気持ちが分かるようになり、サービスの質も上がっていく。ここまでの話は、サービス業全般にあてはまる話であり、特に目新しいところはない。ケアワークの特異なところは、やはり、その精神的な側面で、相手を喜ばせようとすればするほど、際限なくサービスがエスカレートしてしまう点にある。膀胱炎にまで至ってしまう状況は、この点を押さえなくては理解できない。

　それは、利用者の多くが、家族から見放された「かわいそうな存在」であること、

そして、利用者とケアワーカーとの関係が非常に密接であることと関係している。そのことがもっとも先鋭化したかたちであらわれるのが、いわゆる「ターミナルケア」の局面においてである。ターミナルケアとは、治療法が尽きた場合の終末期の医療や緩和ケア全般を指す概念である。

　家ではひとりにしている多くの利用者にとって、施設は「わが家」のようなものである。そこで死にたいと願う利用者がいるとしても不思議ではないだろう。家族のいない彼らに幸せな会生をおくり、安らかな死を迎えてもらいたい。その思いは、利用者と過ごす時間が長くなれば長くなるほど強くなっていく。相手に対する全人格的な「共感」や「同情」こそ、ケアワーカーが他のサービス業従事者と異なる点である。

　つまり、ユニットケアにおいて、良いサービスを行うためには、利用者と長くいて、その人のことを知らなくてはならない。しかし、知れば知るほど、利用者のことがますます分かってしまい、どうにかしてあげたくなってしまう。個別ケアの労働とは、そこに長くいればいるほど、サービスが限りなくエスカレートしていくようなメカニズムを内包した労働なのである。

　接客業とは、もともと、際限のない労働であるが、だいたいの労働者は、自分のできる範囲で手加減しながら仕事をしている。ワーカホリックにならないための「リミッター」をほとんどの労働者がもっている。しかし、ケアワーカーに関して言えば、そのリミッターはいともたやすく外れてしまう。

　助け（＝サービス）を求めている親しい人が目の前にたくさんいる。ケアワーカーのリミッターを外すのは、端的にこの事実である。あるワーカーは、問題行動をおさめることができないときは、相手に対して申し訳ないと語り、またあるワーカーは、利用者が倒れるとき、どうもできない、どうしてあげたらいいかという無力感におそわれると語った。

　助けが必要な利用者を前にして、ケアワーカーたちは、自らの労働条件を犠牲にしてまで彼らの願いをかなえるように努力する。利用者が満足しないうちから自分たちの権利を主張するわけにはいかない。ケアワーカーたちの自己犠牲の精神には、何度も驚かされた。こういったワーカーたちには、職場の部外者たちの忠告は届きにくい。施設は想像以上に閉ざされた場所である。そこで形成された

小宇宙のなかで、ケアワークはエスカレートしつづける。

　そのなかに一旦、組み込まれれば、そこから抜け出すことは容易ではない。よっぽど冷酷な人でない限り、働きすぎることは目に見えている。かわいそうな人を何とかしてあげたいという、だれもがもっているであろう心のやわらかい部分にユニットケアという労働は入り込んでいく。そして、それが、ワーカーたちの心を蝕んでいく。

3. ケアは相互行為である

　2006年の11月7日、NHKで放送された「クローズアップ現代」は、「なぜ介護の現場で虐待が」という特集を組み、その原因を探るなかで、現在のケアワーカーたちが置かれている過酷な状況を描き出した。

「家族じゃないけど家族以上にかかわらないといけない」

「ひとりでみてるから（虐待を）やっちゃったんじゃないかなと思います。一対一だから、誰も見てないからというのもある」

「業務中に利用者さんからたたかれたりつねられたりします。自分の気持ちがいっぱいいっぱいになっているときにやられたら、はけ口がない、あたりどころがないといった状態で、おさえられるか、おさえられないか。その辺なんですけれども」

「相手のためを思って介助をしているのに、それに対して抵抗を受け、侮辱的な行為も受けたわけなので、それに対するやるせなさとか怒りとかは、当然わいてきたものと想像します。しかし、専門家としては、あってはならない行為だし、同情、共感はできないという気持ちがあります」

「大変な思いにかられて、みんなが苦労して、それでいて時間外で仕事が増えて、で、時間内もみんなのことをやるので精一杯で、大変な思いをしている現状です」

「この条件下で、どうすれば介護の質を高めることができるのか。現場でやっている身としては、もう何も考えつかない。お手上げ状態です」

「裏切ってごめんなさい」(虐待をし、辞職した職員の同僚に対する置き手紙)

そこで紹介された現場の介護職員の「叫び」を聞くと、彼らの「良心」が使い尽くされ、限界に達している状況が浮かび上がってくる。

これは、ケアワーカーたちにとってはもちろん、利用者にとっても不幸なことである。ケアワーカーのストレスは、結局はケアの質を落とすことになり、その影響を直接に被るのは利用者たちである。社会学者の上野千鶴子が指摘するように、ケアとは「相互行為」であることを忘れてはならない。

民間企業が「利用者本位」をうたう時には、サービスの消費行為としてのケアの質は、もっぱら利用者の満足に依存し、サービスの与え手は消費者のどのような要求にも応えることが要求される。だが人間的な相互行為としてのケアは、つねに複数の当事者を前提する。一方にとってのみ満足で他方に不満なケアが、よいケアとはいえない。経験的に言っても、ケアワーカーにとって不満のある状況は、かならず利用者にはねかえる。本研究は「よいケアとは何か?」という問いに答えることを潜在的な目的としているが、その際、「よいケア」の判断の当事者をケアの受け手と与え手の両者と見なす。すなわち利用者にとっての満足とケアワーカーにとっての満足とが一致したときに、「よいケア」が成立したと考えたい。(東京大学社会学研究室・建築学研究室 2006: 4-5)

ケアについて語る際には、ケアを受ける側=利用者だけでなく、ケアを提供する側=ケアワーカーたちについても考える必要がある。ケアされる側がいるということはケアする側もいるということだ。理想のケアとは、双方の満足度が高い水準で安定してはじめて可能となるものなのである。

4. それでもそこに人がいる

　このような運命が待ち構えていると、ケアワーカーたちは最初から考えていただろうか。自らで自らをワーカホリックに追い込み、身体をすり減らしていく。ユニットケアの職場には、ワーカーをこのような「自発的ワーカホリック」へと導く魔力が潜んでいる。

　問題は、そのような没入を要請するきつい仕事であるにかかわらず、ワーカーに対する保障が不十分なことである。腰痛や膀胱炎、水虫にかかって職場を離れていくケアワーカーは後をたたない。それなのになぜ、彼らは懸命に働きつづけるのだろうか。

　「そこに困っている人がいるから助けたいだけだ」。しつこいようだが、やはり、多くのケアワーカーたちがそう語った。彼らの願いを知ってしまったら、職場から抜けることはできない。

　目の前に困っている人がいる。彼らの気持ちを理解し、助けられるのは自分だけだ。見捨てるわけにはいかない。知ってしまったが最後。未来がない、不安定だ、使われているだけだ、使い捨てだなんてことは分かっていても、ケアワーカーたちは仕事に没入していくしかない。

　「ケアは相互行為である」という認識に照らし合わせると、これはもちろん、ケアワーカーたちにとっては不幸なことである。ワーカホリック＋不安定労働という最悪のカップリングが今のケアワーカーたちである。

　しかし、それは、すべてのケアワーカーにとって不幸なことであるわけではないことが重要である。ここまで触れなかったが、ケアワーカーの職場は、しゃかりきになって働く若者だけから成る職場とは違う。そこでは、若者だけでなく主婦も働いているのである。つづいて、このような「二重化する職場」について説明していこう。それを踏まえた上で、解決策を提示していく。

5.「主婦と若者」問題

　私がケアワーカーたちの働く職場で目の当たりにしたのは、主婦パート層と若年層の入り乱れた光景であった。

主婦パートの多くは、経済的に余裕があり、この仕事だけで食べていこうと思っているわけではない。それゆえ、彼女たちの口から職場の労働問題が出てくることはほとんどなかった。彼女たちにとって職場とは、「家庭にいた私が自己実現できる場所」であることが多い。

　しかし、若年のケアワーカーとなると少し話が違ってくる。「やりがい」のあるケアの仕事であるが、その不安定性がネックになって、30歳を過ぎるとやめてしまう職員は多い。多くの若いケアワーカーたちが、経済的な理由による将来への不安について語っていた。

　つまり、若年層と主婦層のケアワーカーは、それぞれ、労働に対する意識が異なるため、労働条件に関して一枚岩になることができない。前者は労働条件に対する意識が高く、後者は低い。ケアの職場には大きな見えない断絶がある。私が現場で発見したのは、このような「主婦と若者」問題であった。

　「主婦と若者」問題から見えるのは、ワーカホリック＋不安定労働というケア労働は若者にとっては問題であるが（経済的に余力のある）主婦にとっては大した問題ではないということである。その両者が同じ職場で同じ仕事をしていることが問題なのである。なぜ、このような状況が生まれてしまったのか。まず、それを理解するために、ケア労働の担い手の変化を歴史的に振り返っていこう。

6．ケア労働と主婦

　春日キスヨによると、「介護」とは、「老親扶養の一端として、昔から家事領域に含まれ、主に女性成員により担われつづけてきた」ものであった。しかし、「1950年代頃までは、長期間の『介護』どころか、医師の診療を受けて、『患者』になることすら望めず、病気になれば、短期間のうちに死亡するしかなかったのが、大多数の日本の高齢者の境遇だった」と言う。つまり、「介護」という状態自体が1950年代までの日本には医学的な見地から見てもほとんど存在しなかったのである。

　こうした「介護」が高齢者のケアとして日常的に用いられるようになったのは、疾病構造が「感染症の時代」から「成人病・慢性疾患の時代」に移行した頃からである。すなわち、高度経済成長を足がかりに整備された「国民皆保険制度」（1961）

や「老人医療無料化制度」(1973) 等の医療保険制度の充実により、富裕でない高齢者も受療可能となり、そして、全般的生活水準の上昇、救命医療技術の高度化に支えられて、生命の危機は回避しながらも一生直らない慢性症を抱えた人が多数生じ、それが「寝たきり老人問題」などとして、社会問題化するようになって以降のことであった。「国民大多数が豊かな生活を享受出来る経済発展、近代的科学観に基づく医療技術の進歩によってもたらされたのが、介護という新しい生活領域だった」というわけである (春日 2001: 32)。

その介護労働を担ったのは、主に主婦層であった。春日は、その名も『介護とジェンダー』(1997) という本のなかで、介護労働がいかに女性に不平等に割りふられてきたかを論じている。その背後には、「戦後安定社会」を支えた「サラリーマン／専業主婦」から成る、いわゆる「家族の55年体制」(落合 1994) があった。歴史的に考えると、ケア労働と主婦は、ほぼ同時期に生まれ、結合したのである。

この体制のもと、国家の社会保障負担の軽減を目指したのが、1980年代以降、具体的な政策へと結実した「日本型福祉社会論」であった。日本型福祉社会論こそが、日本においてケアが社会問題化した際、だれがケア労働を担ったのかを解く最大の鍵である。

7. 日本型福祉社会論

高齢化社会に対して、家庭基盤の充実、すなわち主婦役割の強化をはかる。それが、1980年代以降の政府の社会保障政策の根幹にあった考え方であった。その背景にあるのは、高度成長以降の低成長期における福祉見直しの動きである。原田純孝は「『日本型福祉社会』論の家族像」という論文のなかで次のように述べている。

> 低成長期に入って以降の社会保障政策の見直しの動きは、経済不況下の財政逼迫を理由とする「福祉見直し」論の台頭を背景として、1975年ごろから始まり、早くも78－79年には、西欧諸国型の福祉国家とは異なった「日本型福祉社会」の建設という新しい目標設定が行われた。これを受けて80年度からは、実際の予算編成のうえでも社会保障関係支出の抑制策が開始され、いわゆる「臨調・

特集　介護労働の多面的理解

　行革」の追い風のもとで具体的な諸制度の見直しが急速に進められていく。「人生80年時代」における「活力ある経済社会」ないしは「活力ある長寿社会」の実現を掲げた最近のより総合的な政策構想も、そうした社会保障政策の転換を一層精緻化して組みこんだものとなっている。(原田1988: 367)

　原田によると、1970年代の初頭には「充実・拡張」の対象とされていた社会保障は、石油危機後の「整備・調整」期を経たのち、1980年代には明確な「抑制」の対象として位置づけ直された。
　このような「日本型福祉社会」の建設なかで、社会保障政策における、家族に対する位置づけも大きな方向転換を迎えることとなる。それは、「70年台の初頭に見られたような＜社会的援助の対象としての家族＞という把握から、＜社会保障の抑制の支え手としての家族＞、さらには＜社会保障の担い手としての家族＞という把握への転換」である。こうしたなかで、寄与分制度の制定などに代表される家族法の改正も行われた。

　　家族法の領域に即してみてみると、妻の地位の保護・強化や男女の平等に向かう動きはいくつか見受けられる。たとえば、イ. 1980年の民法改正による配偶者の法定相続分の引き上げ(民法第900条)と寄与分の創設(同904条の2)、ロ. 夫名義の財産について当事者間での妻の共有持分をみとめる裁判例の登場、ハ. 離婚による復氏の原則の緩和(1976年の民法767条の改正。離婚後も妻が夫の氏を称することの許容)などである。また、ニ. 近年の調停離婚における財産分与の額の相対的な上昇も、ロと対をなすものといえよう。しかし、そうした動きを他の領域での諸施策と重ねあわせて考えると、それらがもつ意味はそう単純ではない。すなわち、そのうちあるもの(たとえばイおよび部分的にロ)は、「婚姻家族」の保護を意図する他の法原則や諸施策(たとえば、85年の年金制度改正による無職の妻の年金権の保障や、贈与税、所得税の配偶者特別控除[後者は87年から]など)ともあいまって、いわば〈専業主婦としての妻の座〉の保護・強化・安定化を図ろうとする方向性を伴っている。(原田1988: 352)

家族の機能強化を狙った日本型福祉社会論は、時代の流れに逆行し、挫折したものとして批判されることが多い。しかし、ケア労働が国家からアウトソースされた先が、地域福祉を担う主婦パート層であったことを考えると、それは、「サラリーマン／専業主婦」体制を揺るがすことなくケア労働を社会化し、社会保障費の抑制という当初の目的を達成したという点で、ある程度の成功をおさめたとも言えるだろう。家族だけに話をとどめず、地域社会にまで目を向けると、低賃金なケア労働を地域の主婦層が担うという構図は、基本的には日本型福祉社会論の目指すところでもあった。

　このことは、1976年に策定された日本型福祉社会論の「原点」である「昭和50年代前期経済計画」を見ると一層はっきりする。君島昌志によると、この計画で描かれている国民の福祉の向上は、政府によって実現されるものではなく、個人、家庭、企業の役割や社会的、地域的連帯感に基づく相互扶助によって達成されるものであった（君島1997: 51）。日本型福祉社会論の主な目的が家族の機能の強化にあったことは確かであるが、地域社会の役割にも期待がかけられていた。そう考えると、家族のなかの主婦役割が弱くなったからといって、日本型福祉社会論を失敗したものとして結論づけるのは早計であろう。主婦パートが担うケア労働の社会化は、十分に日本型福祉社会論の枠内で語りうるものである。

　その象徴が、主婦層を積極的にケア労働力化してきた生協系の社会福祉法人であった。生活クラブ系の生協は、「共助」の理念のもと、介護保険施行以前の早い時期から事業のなかに福祉関連事業を取り入れてきた。「共助」の理念とは、いわゆる「アソシエーション」に仮託された理念であり、そこで目指されるのは、旧来の官僚制的なシステムのなかでは満たされなかったニーズの充足と新しい働き方であった。

　そして、その理念を担ったのは、組合員の女性、すなわち主婦層であった。「現代フェミニズムと日本の社会政策」のなかで「主婦フェミニズム」を批判した塩田咲子によると、1980年代とは、同じ被扶養の主婦でありながら、リッチで時間を持て余している主婦、主婦の座を逆手にとって多様な社会参加をする主婦、趣味や実益をかねて働く主婦など、主婦の多様化が進展した時代であった。その

なかで、主婦のケア労働は家庭での労働から地域での労働へと移り変わったのである（塩田 1992: 43）。

すなわち、ケア労働とは、そもそも女性の、それも主婦のパート労働であり、その背後には、その主婦を扶養する配偶者がいることが前提とされていた。塩田によれば、1975年以降急増した主婦パートタイマーは、その70％が被扶養型の共働き世帯であった。それは社会政策上は専業主婦世帯であり、性別役割分業の基盤でもあった。「会社に系列化された家族」のなかの被扶養者である主婦が担うケア労働。つまり、誤解を恐れずに言えば、この意味で、ケアの職場とは、労働者がひとり立ちするための収入を得ることのできる、一般的な意味での「職場」などではなく、家庭の延長線上にある、理念先行型の「擬似職場」とでも呼ぶべきものであったと考えられる[1]。

高原基彰は、日本型福祉社会のなかで、NPOの可能性を説く「アソシエーション」に関する議論が、雇用問題についてあまりに無頓着であったことを指摘している。高原の論文（「高度成長の遺産が投資される時—会社社会を乗り越える試みの失敗とその帰結」）から、少し長くなるが引用しよう。

> 1995年の阪神・淡路大震災を契機に、NPOへの社会的な認知は大きく高まった。76年生まれである私の同世代の間では、NPOというのは、既に学卒後の進路の一つとして現実的な視野に入っていた。その多くの現場で、こうした理念のみを持つ人間（概して代表者であり、当人は他に生活の糧を確保している場合が多い）と、フルタイムでそこに雇用されつつも、あまりに悪い労働条件へ不満を持つスタッフとの対立があることは、ある程度以下の世代ならば誰でも知っていることである。
>
> このアソシエーション論も、人々の生活が会社組織に大きく包摂されていく「会社主義」に対し、オルタナティブを提示しようとしたものだった。しかし、それは「会社社会の外部に出ること」を自己目的化していたのであり、そこに雇用という新たな足場を築くことは何一つ構想されなかったと言う他ない。
>
> 正確に言えば、「会社社会の外部に出る」人々は、主に生活基盤を他に確保した主婦や高階層であることが前提になっている。その意味でこれも、会社か

ら家長を経由した収入に頼る「日本型福祉社会」構想の、派生物と呼ぶべきモデルだった。(高原 2006: 26)

主婦パート層を労働力として想定し、その枠内でケアの社会化を達成していく。生協を母体とした施設においては、現在でも、こうした方向性が語られることが多い。こういった組織においては、労働力としての主婦層の想定が非常に強い。そのため、ケア労働のみで生計を立てていかなくてはならない若年層のワーカーが職場に流入してきたことは、想定外の出来事であった。

8. あらかじめ予見された危機

現場で話を聞けば直ちに分かることだが、現在のケアワーカーは慢性的な人手不足の状態にある。そして、それが、福祉系の教育機関の設立ラッシュを呼び込んでいる。[2]それに、(特に地方の)若年層の深刻な就職難という要因が絡む。これが、若年層のケアワーカーが増加している理由として考えられる。

その背景には、先に見た「サラリーマン／専業主婦」から成る「家族の55年体制」の崩れがある。世帯主として家族を養っていくことのできない、学校から会社へという回路から外れた若者たちが、現在、低賃金のサービス産業へと吸収されていることは多くの論者が指摘していることである。それは、20年以上も前にすでに予見されていた。その意味で、フリーター問題は、国家の失策以外のなにものでもない。高原基彰の「発見」は非常に衝撃的である。

　　この時期の経済企画庁の報告書(1985年に出された『21世紀のサラリーマン社会―激動する日本の労働市場』)は、団塊の子供世代を既存の正規雇用体系の中に位置付けられなくなることを危惧しつつも、彼らをアルバイトなどの流動雇用形態の労働力として、言い換えれば労働力需給調整の緩衝帯として活用すれば、親にあたる団塊世代の雇用は維持できる、と述べていた。(高原 2006: 25)

つまり、(予期された)「家族の55年体制」の崩れ→日本型福祉社会論の限界→

ケア労働の担い手の変化という流れの帰結として、「主婦と若者」問題がある。この問題は、戦後日本の社会変動が引き起こした「必然」として考える必要がある。

具体的にデータを確認しよう。平成16年10月から平成17年9月末に登録した介護福祉士の数は、年齢別に見ると、35歳未満が60.2%と半数を大きく上回っている。また、男女別に見ると、男性が24.8%を占めており、平成17年度現在の介護福祉士の登録者における男性の割合、20.4%を上回った。これらはケア労働の低年齢化と男性化を示している。つまり、データの上でも、現在、ケアワーカーの仕事が、確実に、主婦パートの仕事から若者の仕事へと変わってきていることが分かる。問題は、「男女の格差」から「雇用の格差」へと変化したのである。

9. 優秀な若年ケアワーカー

若者の就職先のひとつとしてケアの職場が考えられるようになる。「擬似職場」であったケアの職場が、本当の「職場」になる。こうした流れに敏感な経営者たちは、当然のことながら、労働条件の改善に乗り出すだろう。そのためにはまず、若年層のワーカーと主婦層のワーカーを区別する明確な線引きが必要になる。その上で、若年層のワーカーの労働条件を改善していけばよい。これが、現在、現場でしばしば語られる「ケア職のプロ化」の方向性である。

ケア職をしっかりしたプロの仕事に。そこでしばしば批判されるのが、プロ意識の低い有償ボランティア、主婦層のケアワーカーたちである。

彼女らを退け、プロ意識の高いケアワーカーを養成しなくてはならない。実際に、私が現場で目の当たりにしたのも、若年層のケアワーカー＞主婦層のケアワーカーという職場のヒエラルキーだった。若いケアワーカーの優秀さを指摘する利用者は多かった。

しかし、そこで評価されているのは、本当に若いケアワーカーたちのもつ専門性なのだろうか。もしそうならば、専門性の高いケアワーカー（流動性・低）／専門性の低いケアワーカー（流動性・高）を上手に組み合わせた職場の構築を目指すことができるかもしれない。ケアを一生の仕事としたい若年層のケアワーカーたちは、自らの専門性を高めていく、つまり、資格を徐々に増やしていけばよい。これで問題を解決できるのだろうか。

10.「人格」から「専門性」へ？

　このストーリーには、実は「ウソ」がひとつある。専門化が叫ばれてはいるものの、本稿で繰り返し論じているように、ケアワークとは、現実には、専門化には適さない「気づき」の労働であった。様々な事態に臨機応変に対応できるような「コミュニケーション能力」が要求されるのがケアの現場であった。それは、学校で習うケアの専門性とは異なるものなのである。

　それでは、そのコミュニケーション能力をケアワーカーの専門性とすればよいのではないか。ここまでの議論で出てきた専門性とは、ケア労働の技術的な側面においての専門性である。それとは違ったかたちでの専門性の確立もありうるのではないか。そういった方向性を一縷の希望として提示する論者もいる。

　例えば、社会学者の本田由紀は、『多元化する「能力」と日本社会──ハイパー・メリトクラシー化のなかで』(2005) のなかで、「ポスト近代社会」における人々の社会的位置づけ＝地位達成を制御する原理を「ハイパー・メリトクラシー」(バージョンアップされて一層強力になったメリトクラシー)、ハイパー・メリトクラシーが人々に要求する諸能力を「ポスト近代型能力」(「意欲や独創性、対人能力やネットワーク形成力、問題解決能力などの、柔軟で個人の人格や情動の深い部分に根ざした諸能力」) と名づけ、「専門性」を個々人が身につけることこそ、「ハイパー・メリトクラシーがつきつけてくる、容赦なく捉えどころのない「ポスト近代型能力」の要請に対抗するための有効な「鎧」となるだろう」と提言している。彼女の考える「専門性」とはどのようなものだろうか。

　　筆者がイメージする「専門性」とは、この例 (「教育社会学」という専門領域についての例：引用者注) のように、個々人が社会の中で、特に仕事の面で、立脚することができる一定範囲の知的領域のことである。それは学問分野である必要はなく、経理・財務、人事労務、営業、商品開発、医療、都市開発などの仕事分野であってもよいし、あるいはよりおおまかに「美しいものを作り出すこと」(「芸術・デザイン」とも言い換えられる) や「手助けが必要な人の力になること」(「サービス・福祉」とも言い換えられる)、「何かをうまく伝えること」

(「情報」とも言い換えられる）などであってもよい。（本田 2005: 261）

　本田の提言をケアワーカーの現状に即して言い直すと、「現在のケアワーカーたちに求められているのは、『人格』と言い換えることのできるような、漠然とした、評価のしようのないコミュニケーション能力であるので、それを評価しうる専門的なものへと組み替える必要がある」という提言になるだろう。しかし、問題は、それが、現実的に可能なものなのだろうかという点である。
　現場に必要なコミュニケーション能力の高低によって職員の評価をしようとする試みはいくつかの施設でなされていたが、どの施設でも、それは非常に困難なものであるようだった。先に見たように、コミュニケーション能力とは、個別の関係性に即したかたちでしか習得されない能力である。画一化した基準を設定する、つまりマニュアルを作成し、それを評価の対象とすることは非常に困難なのである。
　ケアとは、利用者の視点に立ちながらサービスを提供することである。しかし、利用者はひとりひとりが違うし、同じ人であってもその日によって違う。それに合わせたマニュアルなど存在するはずがない。コミュニケーション能力の向上のためには、ひたすら、利用者と一緒にいるしかない。
　労働量の多さ、つまり利用者と接する時間の長さがワーカーのコミュニケーション能力を高め、ケアの質を決定する。労働量の多い若年のケアワーカーは、それゆえ、職場での評価が高かったのである。彼らの専門性の高さゆえでは、決してない。

11. 普通のサービス職としてのケア労働

　ケアワークとは、専門性の低い、非熟練の「単なるサービス業」である。そのことを、現場での自らの体験を通じて鮮やかに示したのが、前田拓也である。しかし、前田によると、ケア労働の専門性の低さには、より積極的な意味が与えられるべきである。つまり、ケア労働とは、専門性が低いものでなくてはならない。彼の論文、「アチラとコチラのグラデーション」を紹介しよう。
　障害者を相手にして、「究極の個別ケア」である在宅ケア（介助）を行っている

前田が試みるのは、「ある行いを「技術」として整え、語り、用いることそれ自体に対する批判的検討」(前田 2006: 69)である。前田によると、介助者は、それぞれが一定の「型」を身につけ、介助に臨むわけだが、その「型」は、介助行為のなかで、常に作り変えられていくものである。介助技術とは、「囲い込まれた領域で用いられる持ち運び可能なユニット」(前田 2006: 73)などではなく、「場」や「介助者」や「介護者の日常」によって、つまり、「介助現場の「そとがわ」とのつながりにおいてダイナミックに変容」するものである。

その変容の過程で前田が発見したのは、一般にイメージされる高度な「技術」と、現場で求められる「技術」との間の乖離であった。

　おそらく介助者として求められる態度といったものを含めた「介助技術」の少なからぬ部分は、広くわれわれがすでに日常的に身に付けているものでもあるのだ。「特に必要なことはないからテレビでも見といて」などと言われてしまうことが、すでに介助であるとしたら？持参した雑誌にボンヤリ目をやりつつ座っているだけのことが、すでに彼らの手足の役目を果たしているとしたら？そう考えてみると、介助技術が、現場でだけ求められる専門的で高度な技術であることの根拠は、容易に雲散霧消してしまう。(前田 2006: 79)

介助者は、常に自らを「研修の身」に置き、介助初心者のような気持ちで利用者の声を聞く姿勢をもたなくてはならない。介助は特別な専門性を必要とするものではない。逆に、それを定めてしまうことは、非常に危険なことである。

　見聞きし、経験した生活世界を「書かれたもの」へと連絡しようとする時、そこにはなにかしら現実の捨象がある。その意味では、こうして、介助という営みを記述すること自体がすでに「いろいろ」が「いろいろ」でいられないわけを孕んでいるわけだ。だから、介助という行いを「書かれたもの」へと練り上げようとするわたし自身もひとまず、ああでもないこうでもないと言い続けることである。のらりくらりと言い逃れ続けることである。安易に「障害者の生」とはこういうものだと、必要とされる技術はこういうものだと、言ってしまわ

ないことである。(前田 2006: 90)

　最終的に、前田は、「自らが「介助の素人」であることを何度も発見し続けること」(前田 2006: 90) に賭けることを決意する。介助は「なんでもない」仕事でなくてはならない。介助者は「素人」でなくてならない。つまり、理想的なケアを追求するためには、専門化に抗さなくてはならない。

　「技術」に依拠した「理解」を禁欲することは、「健常者」であるわたしがその立場を忘却したままに「障害者の生」を語ること。そうした誘惑への戒めでもあるだろう。(前田 2006: 91)

　私の調査、そして、前田の論考は、ケアワークが専門化できない仕事、というだけではなく、仕事の性質上、することが好ましくない仕事でもあることを明らかにしてきた。しかし、だからといって、ケアワーカーたちの労働条件が解消されなくてもよいというわけではもちろんない。問題は、ケア職がプロ化できないことではない。
　本当の問題はフルタイムではたらく若年のケアワーカーたちの仕事が安定していないことである。そこを間違えてはいけない。ケア職の「専門性」幻想は誤っているだけではなく、ケアワーカーたちに、「いつか看護師のような専門職に」という希望を与え続けることで、現在の厳しい労働条件の現実を隠蔽してしまう可能性を孕んでいる。現場ではしばしば、看護師の歴史と重ね合わせることで、介護士の専門化とそれにともなう地位の向上という「夢」が語られる。しかし、(少なくとも現段階では) 介護士と看護師の仕事は大きく異なる。看護師の仕事は比較的、専門化のしやすいものであったが、介護士の仕事はそうではない。ケア職の専門化を唱えることは、(前田が言うのとは違った意味でも) 現時点では、非常に危険なことなのである。
　「地域」、「やりがい」、「専門性」などといった、ケア労働にまとわりつく様々な意味を一旦取り外す。そして、ケアワーカーの職場を、フルタイムで安心して働ける職場にする。そのために彼らの雇用条件を改善していく。ケア労働をよい

ものにしたいならば、これしか道はないだろう。

12. ケアワークを2つに分ける――コミュニケーション行為としてのケアと医療行為としてのケア――

　さて、どうすればよいか。『働きすぎる若者たち』(阿部 2007)では、最終的に、パート、有償、無償ボランティアとプロの職員とで共同で地域のケアを担っていくというモデルを提示した。

　前者については、キャリアアップの道筋についてはさほど考える必要はない。彼らには、専門性を構築するのが困難な、個別性の強いケアサービスを担ってもらう。それは、コミュニケーション行為としてのケアワークの側面である。問題は、その道で独り立ちしていこうと思っている若い職員や、シングルマザーの人たちである。彼らに専門性の高い仕事へとつながるような見通しのよいキャリアプランを提供できるかどうかが、問題解決のカギとなる。つまり、医療行為につながるようなケアワークのあり方を考えていく必要がある。

　先ほども論じたように、コミュニケーション行為としてのケアというのは、個別性の高いもので、そこに専門性の足がかりを築いていくことは非常に難しい。

　例えば、京都の老人ホームだったら、京都の昔のことを知っている人でないとコミュニケーションが取りづらい。秋田に調査に行ったとき、よそから来た人は認知症の人のケアを上手くできないという話を聞いた。よそから来た若い人は、特に、認知症の患者さんのケアがうまくできないと言う。認知症の人はいろんなところに話が飛んでいくので、例えば、急にあそこの映画館に行きたい、今はもうない映画館に行きたいということを言い出す。しかし、よそから来た人はそこに映画館があったこと自体を知らないし、どのようにしてその場所に行けばいいかも知らない。一方、昔からそこに住んでいた人は映画館がどこにあったかをよく知っているし、その映画館の近くに何があってこういった商店街があってみたいなことに合わせながら認知症の人とコミュニケーションを取ることができる。地元の人で、しかもそこで育って、年をわりと取っている人じゃないといけない。秋田でそういう話が出てきたのだが、ケア労働には、そういった側面が必ずある。ただ、それは専門性ではないので、そこに住んでいた人で、多少気の利く人であ

ればいい。それは専門性とは別の、非常に個別的な行為で、それを専門性と呼ぶのは難しい。

　一方で、医療行為に近い介護というものがある。例えば、ここをさすったらいいとか、それは、排泄管理ひとつ取ってみてもそうだが、看護の仕事に連結していけるような形でのケア労働というものがある。医療行為につながるような形での、専門性を確立していくことができる形での、医療福祉分野における「キャリアラダー」というものの構築である。

　今の介護職のキャリアラダーを構築して行くには3つの方法がある。1つは、既存の対人ケアの仕事の賃金と専門性を高めること。今の介護の仕事のままで、賃金と専門性を高めようという方向性である。これは労働組合をつくって要求していくという話でもある。2つめは、現在区別されていない仕事のなかに細かい職階を作って、技能をそこで習熟していくことを評価していって賃金の上昇を可能にするという方向性、3つめは、人々をより高度な教育を必要とする賃金の良い仕事にキャリアアップさせるという方向性である。日本においては、1つめと2つめにおいて重要になってくるのは介護報酬の問題、3つめにおいて重要になってくるのは他の医療機関との連携である。いずれにせよ、行政との連携が不可欠なものになってくる。

　繰り返すと、キャリアラダー戦略の1つめというのは、介護報酬をそのまま上げようという話で、つまり、賃金をポンと上げてしまうというのがひとつの解決策としてある。2つめが、そのなかで上がっていけるような階段、職階を作るということである。3つめが、一番チャレンジングな対策で、例えば介護と看護をつなげていくという話である。それによって賃金を上げていくということになる。その3つの戦略がある。

　まとめると、ケアワークを2つに分けて、一方にはキャリアアップを必要としていないケアワーカーたちを送り込む。コミュニケーション行為としてのケアはそこで担う。もう一方には、さらにステップアップしたいケアワーカーたちを送り込む。そこではキャリアラダーの構築というのが課題となってくる。こうした形での分業が可能になるのではないかということを、『働きすぎる若者たち』では最終的に提案した。

13. 専門性の対立

しかし、現場では、その2つの専門性をめぐって、対立が起きてしまっている。最後に、その問題にも触れておきたい。

ケア労働にはコミュニケーション労働としての側面と医療労働としての側面がある。したがって、どちらに注目するかによって、キャリアアップの道筋は異なったものとなる。

キャリアラダーの提唱者、J・フィッツジェラルドが『キャリアラダーとは何か』（2006=2009）のなかで紹介しているアップル・ヘルス・ケアにおけるキャリアラダーの例からも分かるように、ケア労働のコミュニケーション労働としての側面に注目すると、そのキャリアの上限は非常に限られたものとなってしまう。その反面、医療労働としての側面に注目すると、看護職などへとつながったより長いキャリアの道筋を描くことができる。同書で紹介されているジャマイカ・プレイン地区開発会社の特別イニシアティブ（JPNDC）などの「十全なキャリアラダー・プログラム」である。

本来ならば、その両側面を明確に切り分けて、それぞれに応じたキャリアラダー・プログラムを作成し、その上で主婦と若者をそれぞれに供給するといったことがなされるべきなのだが、ケアの職場では、それぞれの専門性の間で「理想のケア」をめぐる（不毛な）対立が起きてしまうこともある。それは、しばしば、利用者主体のコミュニケーションを重視したケアと、ワーカー主体の医療行為を重視したケアの間の対立として現れることになる。新雅史は、「少子高齢化期における『日常生活のスポーツ化』の実態、および日常生活におけるスポーツ／運動実践構造の解明に関する研究」のなかで、農村地帯のある特別擁護老人ホームで介護予防の一環として導入された筋力トレーニングが、職場において「筋トレ擁護派」と「筋トレ反対派」の間の対立を深めたこと、そして「筋トレ反対派」であるケアワーカーたちがコミュニケーション労働として自らの労働の専門性を強く定義づけていく過程を明らかにした。

こうした専門性の対立は、本来ならばコミュニケーション行為と医療行為の両方が必要なケア労働を、どちらか両極に偏ってしまうものとしてしまう危険性

をもっている。『働きすぎる若者たち』のなかのインタビューで、社会福祉法人、福祉楽団の飯田大輔は次のように述べている。

> この前、私が行った、あるユニットケアの研修では、利用者が起きたくないって言ったら起こさない。食べたくないって言ったら、まあ、程度はあるんでしょうけど、食べさせない。それが個別ケアだっていうわけです。それって本当なのかなと。(略)今、一番の問題だと思っているのは入浴で、特養に入居すると週に2回しか入浴できない。国の基準がそうなっているんです。今の日本で週に2回しか入浴しないという人はどのくらいいるでしょうか。だから、「その人らしく」2回入浴するよりも、集団的な入浴でもいいから4回入浴できたほうがいいように思っています。

集団ケアから個別ケアへ、ワーカー主導から利用者主導へ、という流れは分かるが、それがあまり極端なものとなりすぎると問題がある。現実のケアのニーズに合わせて適切なケアの方法を探っていく必要がある、と飯田は主張する。

現在、ケア労働の市場は若年労働対策として注目され、実際に多くの若者が参入してきている。彼らの行うケア労働は、リビング・ウェイジを稼げるだけの仕事でなくてはならない。そのためのキャリアラダーを構築するためには、ケアの仕事をキャリアアップのできる職種とキャリアアップの難しい職種に分ける必要がある。その上で、労働者が自らの経済状況に合わせて職種を選べるようにすればよい。しかし、現実は、「理想のケア」をめぐる専門性の間での対立が起きてしまっている。

アメリカでは、ホームヘルパーなど、日本で言うところの看護職は介護職の上位に位置づけられており、そういったヒエラルキーのなかではキャリアラダーを構築しやすい。しかし、日本では看護とは異なる介護の専門性が現実の賃金体系とは別に主張されがちである。これが、偽りのキャリアラダー、「ベイト・アンド・スイッチ」を招いてしまう(アメリカでベストセラーになった『ニッケル・アンド・ダイムド』(2002=2006)で知られるB・エーレンライクは、その次の著書『捨てられるホワイトカラー　格差社会アメリカで仕事を探すということ』(2005=

2007) のなかで、偽りのキャリアアップ・プログラムのことを、「ベイト・アンド・スイッチ (bait-and-switch)」と呼んだ。bait-and-switch とは、餌にひっかけて (bait)、そしてすぐに替える (switch)、いわゆる「おとり販売」のことである)。

介護職と看護職は日本においてもアメリカにおいても別々の教育システムのなかで養成されるが、アメリカにおいては介護職にはキャリアラダーはないも同然である。そして、そのための長期に渡る教育もない。よって、ラダーを上がりたい人は看護職のラダーを最初から上がることになる。一方の日本は介護職にはキャリアラダーはないにもかかわらず、そのための教育システム (または「あるべきだ」とする理念) は存在している。そこにベイト・アンド・スイッチが生じる可能性が出てくるのである。

介護職においてキャリアラダーを構築するためには、まず、こうした介護・看護職の日本的特殊性を見直し、様々な立場から語られるケアの専門性を調整するところから始めなくてはならない。

14. 新「日本型福祉社会」のモデルとは？

まとめよう。大きな枠組みで考えると、以上で見てきたことは、新しい「日本型福祉社会」のモデルである。スウェーデン型の高福祉国家は理想的だが、難しい。目指すにしても、過渡的なモデルは必要である。集団ケアからユニットケアへの移行は、財源の問題を考えずに一気に旧い「日本型福祉社会」からスウェーデンモデルにとぶようなものであった。そのことによる混乱が、現場で起きてしまっている。

つまり、日本は社会保障関係の支出が圧倒的に少ないわけだから、段階を踏んでいく必要がある。まずは、基礎的な介護をプロのワーカーたちできちっとつくる。これは「土台づくり」である (「質の高い集団ケア」と言うこともできるかもしれない)。そして、プラスアルファの部分は、パート戦略 (またはボランティア戦略) を引き続きとる。これが、新しい「日本型福祉社会」のケア労働のモデルである。しかし、これも、いずれ限界を迎える。そこではじめて、ケアの質をめぐる議論が可能となるのだろう。国民的な合意を得ながら、少しずつ、こちらの報酬も上げていく。これが、集団ケアから個別ケアへと移行するときに、低福

祉国家から高福祉国家へと移行するときに、とるべき手順なのだろう。

　しかし、現段階では、土台とプラスアルファの部分がごっちゃで、どちらを優先すべきかが不明確になっている。また、介護は医療労働なのか、コミュニケーション労働なのかという二項対立にしばられた不毛な論争が起こってしまっている。繰り返しになるが、まずは、両者をきちんと分け、優先順位を定める必要がある。それができれば、低い収入のもとで、ヘヴィな肉体労働（医療行為としての介護の側面）と感情労働（コミュニケーション行為としての介護の側面）の絡み合った状態で苦しむケアワーカーたちの状況を変えていくことができるかもしれない。

まとめ

① 00年代以降のユニットケアの普及は労働強化を帰結した。

② その原因として、介護報酬の低さからくる人員不足、介護労働のコミュニケーション行為としての側面（介護労働Ⅰ）と医療行為としての側面（介護労働Ⅱ）の未分化が考えられる。

③ その背景には、日本型福祉社会論における主婦パート労働の位置づけの特殊性がある。

④ 介護労働の両側面を分け、優先順位をつけた上で、限られた介護報酬を分配していく必要がある。

⑤ 現時点では、キャリアラダー戦略を軸に介護労働Ⅱを重点的に整備し、介護労働Ⅰについては、引き続きパート戦略、ボランティア戦略をとる。介護報酬については、受益と負担のバランスを考え、国民的な合意を得ながら、徐々に増加していく方向性を探る必要があるだろう。

〔注〕
(1) もちろん、主婦（主夫）パートのすべてが「やりたいこと」志向のみにもとづいて仕事を行っているわけではないことにも注意しなくてはならない。40歳代以上の既婚不安定就業者層に特に顕著に見られるのは、「やりたいこと」志向と配偶者の年収との強い結びつきである。
(2) 「AIKレポート」（2004年4月号）によると、文部科学省の『学校基本調査報告書』における、第5分野（教育・社会福祉）のなかの「その他」の専門学校の入学者数は、平

成に入ってから急増している。第5分野には「保育士養成」「教員養成」「その他」の3つの分類がある。小規模であった「その他」の入学者数が、平成15年度には「保育士養成」「教員養成」の2系の入学者数の2.5倍にまで膨れ上がったのは、コード表に例示されていない介護福祉などの学科の新設ラッシュがあったとされている。

(引用・参考文献)

阿部真大 (2007)『働きすぎる若者たち 「自分探し」の果てに』NHK出版。

新雅史 (2008)「少子高齢化期における『日常生活のスポーツ化』の実態、および日常生活におけるスポーツ／運動実践構造の解明に関する研究」東京大学ジェロントロジー寄付講座モジュール報告。

Barbara Ehrenreich (2005) *Bait and Switch: The (Futile) Pursuit of the American Dream*, Granta Books ＝曽田和子訳 (2007)『捨てられるホワイトカラー 格差社会アメリカで仕事を探すということ』東洋経済新報社。

Barbara Ehrenreich (2002) *Nickel and Dimed: On (Not) Getting by in America,* Owl Books ＝曽田和子訳 (2006)『ニッケル・アンド・ダイムド アメリカ下流社会の現実』東洋経済新報社。

Fitzgerald, Joan (2006) *Moving up in the new economy: Career ladders for U.S workers,* Cornell University Press ＝筒井美紀・居郷至伸・阿部真大訳 (2009)『キャリアラダーとは何か』勁草書房。

布施晶子 (1984)「現代家族と『日本型福祉社会』論」『文化批評』281号。

原田純孝 (1988)「『日本型福祉社会』論の家族像」『転換期の福祉国家』東京大学出版会。

原田純孝 (1992)「日本型福祉と家族政策」上野千鶴子他編『変貌する家族6 家族に侵入する社会』岩波書店。

本田由紀 (2005)『多元化する「能力」と日本社会—ハイパー・メリトクラシー化のなかで』NTT出版。

春日キスヨ (1997)『介護とジェンダー』家族社。

春日キスヨ (2001)『介護問題の社会学』岩波書店。

春日キスヨ (2003)「高齢者介護倫理のパラダイム変換とケア労働」『思想』955号。

君島昌志 (1997)「福祉政策の転換に関する考察(1)—1970年代における日本型福祉社会論と高齢者政策の変容を中心にして—」『島根女子短期大学紀要』35号。

経済企画庁総合計画局編 (1985)『21世紀のサラリーマン社会—激動する日本の労働市場』東洋経済新報社。

前田拓也 (2006)「アチラとコチラのグラデーション—障害者介助の技術と介助者の日常」三浦耕吉郎編『構造的差別のソシオグラフィ 社会を書く／差別を解く』世界思想社。

落合恵美子 (1994)『二一世紀家族へ』有斐閣。

塩田咲子 (1992)「現代フェミニズムと日本の社会政策」『女性学と政治実践 女性学研究第2号』勁草書房。

高原基彰 (2006)「高度成長の遺産が投資される時―会社社会を乗り越える試みの失敗とその帰結」『未来心理』第7号。
東京大学社会学研究室・建築学研究室 (2006)『住民参加型地域福祉の比較研究 (研究代表：上野千鶴子)』。
外山義 (2003)『自宅でない在宅　高齢者の生活空間論』医学書院。

韓国における療養保護士の職務ストレスが離職志向に及ぼす影響

牟　智煥
（韓国・大仏大学）
松本　理恵
（韓国・大仏大学）

はじめに

　人口高齢化は現代社会において深刻な社会問題として台頭している。特に、全世界で人口高齢化が最も急速に進行している韓国は、急速な高齢化によって痴呆、中風など、老人性疾患による保護を必要とする人口が増加していることにより、これらのための社会的対策が早急に必要であると考えられている（ヤン・オクナム他、2009: 381）。韓国は、1960年代初期以降、本格化した現代産業化過程における都市化、核家族化、また伝統的な高齢者扶養意識の低下などがもたらされ、1980年代以降には、高齢者問題が社会的な関心領域として台頭。1990年代以降には、人口高齢化が社会問題として提起された（パク・チャサン他、2009: 7）。いち早く人口高齢化を経験した福祉先進国（英国、スウェーデン）は、介護が必要な高齢者のため、長期的観点から社会的で公式的な保護対策を樹立した。韓国もまた、世界の政策的流れに影響を受け、家族扶養の限界を克服し、高齢者の長期的な介護問題を解決しようと老人長期療養保険制度（日本の介護保険に相当する）が2008年7月1日以降、本格的に施行された。老人長期療養保険は急速に増加する高齢化に対応し、公的老人療養保険体制を確立して国民の老後の不安解消と高齢者家庭の経済的負担などといった介護負担を緩和させようという趣旨の下、制度化された。これは、老人療養に対する問題を家庭の領域にだけ放置せず、国家と社会の共同責任下で解決しようとする法案を模索するきっかけとなった。

　老人長期療養保険法には、療養保護サービスを遂行する専門担当者を療養保護士と規定している。療養保護士は、老人医療福祉施設（老人療養施設、老人療養共同生活家庭）や在宅老人福祉施設（訪問療養サービス、昼・夜間保護サービス、

特集　介護労働の多面的理解

短期保護サービス、訪問入浴サービス提供施設）等で医師、または看護師の指示により長期療養給与受給者に身体的、精神的、心理的、情緒的および社会的介護を提供する者である（保健福祉家族部、2009: 73）。2009年現在、療養保護サービスを提供するにあたり必要とされる療養保護士資格取得者は51万8千人余りで、そのうちの13万7千人余りが就職をしている。しかし、就職をしたとしても大多数が劣悪な環境下で勤務していることが明らかとなった（『ヘルスコリアニュース』2009.10.5）。療養保護士が療養保護サービスの実践現場でサービス対象者と常に相互作用し、サービスを提供するにあたり、療養保護対象者の立場から彼らの問題や欲求を把握し、適切なサービスを提供する役割がある。

　これによって療養保護士は、療養保護対象者による様々な要求や不満に接する場合がある。また、療養保護機関に属した組織構成員として、各機関からも役割と関連した職務ストレスを数多く受けることがある。

　療養保護士の職務ストレスは様々な面から発生する。まず最初に、現在の療養保護士は需要と比べて過剰排出されているため、これに伴う彼らの給与および福祉水準など、実質的な処遇は非常に劣悪な情勢である。第二に、療養保護士は老人性疾患にかかった患者を相手とする職業として医療知識および老人心理学的知識など職業に対する専門性を強く要求されている反面、労働面において過度の肉体的、精神的負担を受けている。第三に、療養保護士が専門性を具備していたとしても実質的に現場での経験が十分でないと、予想以外の実践的問題に接した場合、困難をきたす場合がある。このようなストレスを誘発させる要因によって療養保護士は心身共に疲れ、時には危険にさらされることがある。また、事故に伴う責任も要求されるため、天命意識を持たなければ業務に従事できないであろう。

　このような療養保護士の職務関連ストレスに対して適切な対応策を講じなければ、療養保護士が療養保護サービス業務を処理するにおいて相当な副作用を招くようになるであろう。それにもかかわらず、療養保護士の職務ストレスの原因と対応策に対する研究が社会福祉サービス分野において未だ不十分であるのが現状である。したがって、このような問題に立脚して本研究では療養保護士の態度と行為に多大な影響を及ぼす職務関連ストレスが、療養保護士の職務満足と組織没入にいかなる影響を及ぼし、それらが結果的に離職志向にどのように影響するか

分析する。研究を進行するにあたり、まず職務ストレスの概念や構成要因などといった一般的職務ストレス理論を概括し、これによって職務ストレス要因を識別し、その研究模型を構成した。特に、療養保護士の職業的な特殊性を考慮して研究模型を設定し、また療養保護士を対象とした設問を作成した。これらの研究模型により分析が進行されることになる。

本研究で使用された資料は、光州広域市（全羅南道）療養保護機関に勤務する療養保護士320人を対象に設問を実施し、収集された。回収された質問のうち、回答をしてくれた272名に対する結果を研究模型を分析する基礎データとして使用した。分析を通じて得られた結果を通して統計的解釈を実施し、これを基に療養保護士の職務ストレスと離職志向を減少させるための政策的示唆点を提示する。

1. 理論的議論と先行研究の検討

(1) 職務ストレスの概念

職務ストレスに対する概念的定義は、様々な学問分野の研究者やその接近方法により違いが生じるため、明確に定義するには限界がある。しかし、職務ストレス概念は主に三種類の側面から論議されている（ハ・ミスン、クォン・ヨンス、2002: 714-715; パク・キグァン、2008: 174-175）。まず最初に、職務ストレスと関連する初期研究で職務ストレスは、個人に影響を及ぼす外部の刺激（stress as a stimulus）として、"特定の職務と関連した過剰業務、役割葛藤と役割曖昧性、威嚇的な職務環境"と定義されている（Magolis et al., 1974: 15; Beehr & Newman, 1978: 668; ハ・ミスン、クォン・ヨンス、2002: 714）。第二に、職務ストレスは、刺激源に対する一つの反応として個人の肉体的・心理的側面から逆機能を与える刺激に対する反応として"個人に威嚇的な要因として見なされる職務環境の様々な特性に対する個人の反応"または"作業場で知覚された条件や事件の結果のため、特定な個人が受ける逆機能的な感情や意識として作業場から離脱しようとする個人の感情"と定義されている（Parker & DeCotiis, 1983: 161; パク・キグァン、2008: 174）。第三に、職務ストレスを有機体と環境間の相互作用で見る見解として"一個人の能力が職務上必要とする要件に不適合であったり、組織が提供

した職務環境と個人の欲求が不適合な状態"として定義されている（French et al., 1980: 74; ハ・ミスン、クォン・ヨンス、2002: 714）。このように、職務ストレスの概念定義は、研究者の接近方法や観点により、また様々な学問分野によって多様な意味で成立している。

したがって、職務ストレスは、ストレスが持っている純機能と逆機能という本質的な特性を認定した状態で適正な水準を維持することが個人と組織に効果的であると言える。本研究は、このような先行研究の議論を基に、療養保護士の職務と関連したストレス要因を職務遂行過程上、外部環境により個人に影響を及ぼすことによって現れる情操的に不便な状態と定義する。

(2) 職務ストレスの構成要因

現代を生きている会社員がストレスを受ける環境的要因は多様である。そのうち、職業と関連した職務環境によるストレス要因の占める比重が非常に高い。したがって、職務によるストレスから発生する個人の健康問題と生産性、および効率性の低下を管理する必要性がある（パク・ジェヒ、2009: 139）。職務ストレス要因とは、職場で職務環境と関連して発生するストレス要因を意味する（Hellriegel et al., 1986）。職務ストレスを誘発する要因は、それらの分類内容や研究目的により学者ごと若干差がある（イ・ヒョンア、イ・ギハク、2009: 85）。

Arnold & Feldman（1986: 461）は、職務ストレスの構成要因として役割葛藤、役割曖昧性、役割過大、役割過小などを提示し、Johns（1996: 463）は、役割過大、責任過大、誤った職務設計、リーダーシップ不足などを提示した。また、Hellriegelなど（1986: 202-206）は、役割過大、職務条件、役割葛藤と曖昧性、経歴開発、組織内対人関係、進取的な行動、部署間の葛藤などを提示。Kreitner & Kinicki（1992: 597）は、個人的水準と集団水準、そして組織的水準に分類した後、個人的水準では役割過大、役割葛藤、役割曖昧性、責任感などを提示し、集団水準では集団の役割、管理者の行動などと提示。組織的水準では組織風土、参与的管理方式、職務環境と職務設計などと提示している。

また、職務ストレス要因は、組織内的なものと組織外的なものに分けられる。組織外的な要因は、事務室の密集度、家庭不和のような家族的要因、他の組織と

の競争などといった要因があり、組織内的な要因は、組織構造関連要因、組織内役割関連要因（役割過多、役割葛藤、役割曖昧性）また、対人関係要因に分けて見ることができる。特に、役割曖昧性、役割葛藤、役割過多などが職務満足に直接的な影響を及ぼすという主張は、すべての人々がこのような役割の特性から来る否定的な影響を一定に受け入れるという仮定に基づいている。しかし、同じ水準の役割曖昧性、役割葛藤、役割過多などが与える否定的な影響力は、個人の認識程度により差等的に感じられる（Cordes & Dougherty, 1993; ユ・ヨンヒョン、2009: 195）。

　本研究では、先行研究結果に基づき、職務ストレスと関連のある組織内の役割関連要因である役割曖昧性と対人関係要因である同僚間との関係を療養保護士の職務ストレスと直接的に関連した構成要因として選定した。役割曖昧性を職務ストレスを代表する要因として選定した理由は、療養保護士の業務内容が単純な介護から療養保護対象者に対する科学的な管理まで、全く業務性格や専門性の水準の異なる仕事を同時に処理しなければならないという事実がストレスを誘発するであろうと考えられたためである。また、療養保護士の業務は他の同僚との協力を通して経験と情報を共有しなければならず、同時に上司の指示により仕事を遂行しなければならないため、同僚および上司との関係が組織内的なストレス要因を代表する変数として選択された。

1）役割曖昧性

　役割曖昧性（role ambiguity）は、役割担当者が職務を遂行する際、必要な情報が提供されない中で現れる役割遂行の不確実性をいう（Katz & Kahn, 1978; パク・キグァン、2008: 176）。個人が感じている役割遂行の不確実性による役割曖昧性を二種類に分類すると次のようである。一つ目は、職務遂行のために許容される手段に関する情報不足や職務に対する適切な定義および職務目的が明らかでない場合に生じる役割曖昧性であり、もう一つは、個人の目標達成のための行為の結果に対する関心と他人の目に写った自分の立場との間で生じる役割曖昧性である。役割遂行者に責任と業務が不明瞭な役割曖昧性が存在するようになると、心理的脱力と職務満足および組織没入を低下させる結果を招くという（キム・ビョ

ンソプ、1994；ハ・ミスン、クォン・ヨンス、2002: 716)。特に、組織構成員の役割曖昧性は職務不満足と相関関係があるが、個人の欲求強度に関係なく、職務危険や不安とは正（＋）的な関係にあり（Beehr et al., 1976)、職務満足度とは負（ー）的な関係であることが明らかになった（Pearce, 1981)。

　個人的な特性次元の役割曖昧性は、自分の職務に自信を持ち、またそれに挑戦しようとする組織構成員が疑問や不明な点を感じた場合、これらの解明を要求し、曖昧な点を明確にして役割曖昧性を除去していくというのである（Greene & Organ 1973)。療養保護士がサービス対象者の情報を基に業務を遂行しながら抱く役割や責任における曖昧性は、職務ストレスを高める大きな要因になると言える。

2) 同僚との関係

　人間関係の活動は大部分、組織で成り立ち、組織での対人関係は一般的に上司との関係、同僚間との関係、部下職員との関係などに区分される。このような組織内対人関係が円満でない場合、組織構成員にストレスが発生する（キム・ジェヨル、ト・ユンギョン、2000: 129)。Cooper & Marshall（1978: 185-186）は、上司との関係において、直属上司の配慮的な行動が多ければ、相互信頼感と上司に対する尊敬心および親密感が高くなり、逆に上司による配慮行動が不足であると感じると職務ストレスを受けることがわかった（パク・キグァン、2008: 178)。ハ・ミスン、クォン・ヨンス（2002）は、組織内・外的関係変数の中で、上司との関係、同僚との関係、部下との関係は、職務ストレスに対する直接的な影響を通じて間接的に組織没入と職務満足に影響を及ぼすことがわかった。パク・キグァン（2008: 191）の地方公務員の職務ストレス要因が職務満足と組織没入に及ぼす影響に関する研究では、上司および同僚の人間関係は、公務員のいかなる個人的・組織的特性にも統計的に留意した差がないと分析され、ユ・ヨンヒョン（2009: 205）は、海洋警察公務員の職務ストレス要因の一つである同僚関係要因は、職務満足には有意味な影響を及ぼしていないが、組織没入にはそれらの影響を及ぼしていると主張している。オク・ウォンホ、キム・ソクヨン（2001: 359）は、同僚との間に十分な支援や協力がない場合、葛藤がもたらされ、職務ストレスが発生すると見

ている。本研究では、療養保護士の職務ストレスと関連して、組織内的な関係変数である同僚との関係から職務ストレスが誘発されると見ている。

2. 職務ストレスと組織没入および職務満足との関係

(1) 職務ストレスと職務満足との関係

　職務満足とは、一個人が職務に対して持っている一連の態度のことであり、職務または職務遂行の結果として満たされる肯定的な情緒状態を言う。すなわち、組織構成員が職務および組織内の現象や状況に対して知覚した後、これを評価して現わす情緒的反応を意味する（パク・キグァン、2008: 180）。ストレスと職務満足間の関係に対する先行研究では、高いストレスが低い職務満足度を招くという見解を提示している（パク・ヒソ他、2001: 35）。ユ・ヨンヒョン（2009: 205）は、職務ストレス要因と職務満足との関係において、役割葛藤、役割曖昧性、役割過多要因および上司との関係要因が職務満足に影響を及ぼしており、同僚との関係要因は影響を及ぼさないとしている。また、Farmer 他（2003: 373-387）によると、職務ストレス要因である役割葛藤および役割曖昧性のような職務ストレス要因は、職務満足に負（－）の影響を及ぼすとしている。また、職務満足に対する職務ストレスの測定と関連した研究では、大部分、高いストレスが低い職務満足度と関連があることを明らかにしている。

　一方、ストレスを挑戦や建設的な活動および、遂行実績向上の機会（Jamal, 1984: 174-192）として見る見解や、職務ストレスの原因を肯定的（促進的）条件で起因されるものや否定的（破壊的）条件で起因するものもあると主張する研究者もいる（Bhagat et al., 1985）。つまり、職務ストレスは常に職務満足に否定的な影響だけを与えるわけでなく、特定の状況下では肯定的な影響も与える場合があるという見解である。したがって、ストレスに対する肯定的な知覚と解釈は、職務満足と正（＋）的な関係を結び、逆に否定的な知覚と解釈は、職務満足と負（－）的な関係を結ぶことがわかった（パク・キグァン、2008: 181）。本研究では、療養保護士の職務ストレスが職務満足に否定的な影響を及ぼすことを仮定して研究を進めていく。

(2) 職務ストレスと組織没入との関係

　組織没入は、組織構成員が組織に対して強い愛着を持って組織目標を達成し、組織の発展のために自分の能力を開発し、努力を傾け、組織構成員として継続的に仕事に従事しようとする欲求がある状態を意味する(キム・テウォン、パク・チョルミン、2003: 49-70)。すなわち、組織の目標と利益を充足させる方向で活動するように内在化された規範的な圧力の総体として、組織構成員が自分が属する組織と同一視して同じ組織に関与し、またそこに同じ組織エネルギーと忠誠心を捧げようとする組織構成員の意向を意味する（パク・キグァン、2008: 181）。

　職務ストレスと組織没入に関する先行研究によると、職務ストレスは組織没入に負（−）の影響を及ぼすことが明らかになっている（Bhaget, 1985; Parker & Decotiis, 1983; オク・ウォンホ、キム・ソクヨン、2001）。パク・キグァン(2008)は、地方公務員の職務ストレスを中心に職務満足と組織没入の決定要因に関する研究で、職務ストレスの原因変数である職務の役割自律性、昇進、人間関係、保守に対する不満の程度が高ければ高いほど、組織没入度が低くなるとしている。ユ・ヨンヒョン（2009）の研究では、職務ストレスを役割関連要因（役割葛藤、役割曖昧性、役割過多）と対人関係要因（同僚関係、上官との関係）に区分し、組織没入との関係を分析したが、役割曖昧性要因および同僚関係、上司関係要因だけが組織没入に有意味な差を見せており、逆に役割葛藤要因と役割過多要因は、組織没入に有意味な差を見せていないと分析された（ユ・ヨンヒョン、2009: 207）。また、職務ストレスの原因に該当する役割曖昧性、役割過多、対人関係などの変数が職務満足を通じて組織没入に間接的な影響を与えているという結論に至っている（オク・ウォンホ、キム・ソクヨン、2002: 366; ハ・ミスン、クォン・ヨンス、2002: 719）。

　このように見る時、組織没入の構成要件に対する合意はされていないが、組織と組織構成員の心理的連帯感が組織没入を決める重要な要因であるところには共通点がある（キム・テウォン、パク・チョルミン、2003）。したがって、社会福祉組織と関連した療養保護士の組織没入は、組織成果をより効果的・効率的に達成するのに大きな影響を及ぼすと言える。ここでは、療養保護士の職務ストレスと組織没入との関係において、職務ストレスは組織没入に負（−）の影響を及ぼす

と見ている。

(3) 組織没入および職務満足と離職志向との関係

　離職志向とは、離職という行動から現れた結果でなく、離職行動から現れる心理状態を言う。療養保護士の離職志向が実際、離職に繋がらなくても、その志向が強い場合、サービスの質が落ちることになり、結果的にサービス対象者に不便をもたらすことになるであろう。したがって組織は、構成員の離職志向を把握し、それらを減らすための努力を惜しんではならない（パク・ヒソ他、2001: 35）。

　WilliamsとHazer（1986）は、離職志向を予測する上で最も大きな影響を及ぼす変数が職務満足と組織没入であるとしている。また、組織没入は離職志向を減少させるという仮定の下、組織没入と離職意図との関係を考察した先行研究（キム・テヒ他、2006; キム・ヒョンソプ、2005; Stinglhamber & Vandenberghe, 2003）では、組織没入は、離職意図に負（－）の影響を及ぼす変数であることが確認された（ソ・ヨンホ他、2009: 375）。ソ・ヨンホ（2009）は、商業スポーツセンター従事者の組織没入は、離職意図に否定的な影響を及ぼすという結論を提示しており、イ・ファンボム、イ・スチャン（2006）は、警察公務員の職務ストレス、職務満足、組織没入と離職意図間の相互関係に関する研究から、職務ストレスは、職務満足と組織没入に有意味な負（－）の影響を現しており、離職意図には有意味な正（＋）の影響を及ぼしていると分析している。また、職務満足は組織没入に有意味な正（＋）の影響を及ぼすことが明らかとなった反面、離職意図には有意味な負（－）の影響を現わしていると分析している（イ・ファンボン、イ・スチャン、2006: 96）。

　また、パク・キグァン（2008）は、地方公務員のストレスを中心として、職務満足および組織没入の決定要因に関する研究から、職務満足と組織没入は、職務ストレス要因によって有意味な影響を受けるという仮説を設定して分析したが、職務満足および組織没入は職務ストレス原因変数によって、有意味な負（－）の影響を受けることが明らかとなった（パク・キグァン、2008: 195）。また、職務満足と組織没入は、離職志向に直接的な影響を及ぼすことが明らかになっており、組織没入度が離職志向に直接的な影響を及ぼすと見ている。したがって、本研究

特集　介護労働の多面的理解

では、職務ストレス要因が組織没入と職務満足に負（－）の影響を及ぼし、これはまた療養保護士の離職志向を高めることを仮定して研究を進めていく。

3. 研究分析の模型

(1) 研究模型

　職務ストレスは、療養保護士の職務満足度と組織没入度を低め、結果的に離職志向を高める。したがって、本研究は、療養保護士が受ける職務ストレスが離職志向に及ぼす影響を分析するための因果模型を構成した。療養保護士の職務満足と組織没入に影響を及ぼす職務ストレス要因、すなわち外生変数は、役割曖昧性と同僚との関係で測定され、最終内生変数として療養保護士の離職志向を選定した。この研究の模型を提示すると、図1のようになる。

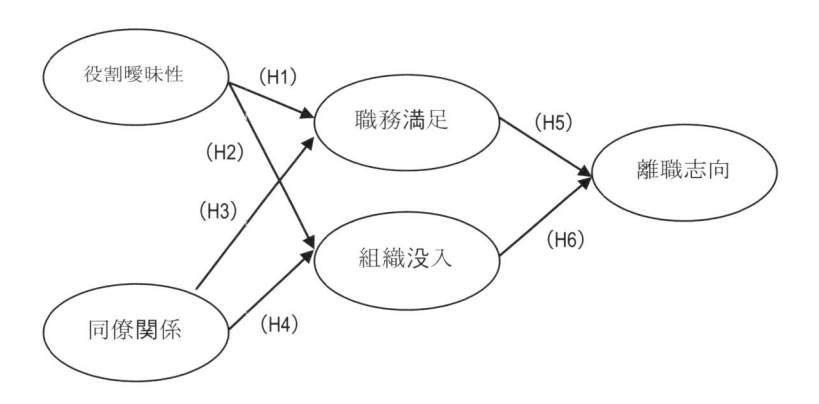

図1　研究の模型

(2) 仮説の設定

1）職務ストレスが職務満足と組織没入に及ぼす影響に関する仮説

　先行研究を通じて調べたとおり、職務ストレス要因は職務満足と組織没入に影響を及ぼす。すなわち、組織内の職務環境が悪化され、職務内容が複雑になればなるほど職務ストレスはより一層加重され、これによって職務満足と組織没入は

減少する。したがって、療養保護士が職務遂行時受けるストレスが高ければ高いほど、職務満足と組織没入に負（－）の影響を及ぼすことが予想される。

仮説1：職務遂行時に受けるストレス要因（役割曖昧性）は、療養保護士の職務満足に負（－）の影響を及ぼすであろう。
仮説2：職務遂行時に受けるストレス要因（役割曖昧性）は、療養保護士の組織没入に負（－）の影響を及ぼすであろう。
仮説3：職務遂行時に受けるストレス要因（円満でない同僚関係）は、療養保護士の職務満足に負（－）の影響を及ぼすであろう。
仮説4：職務遂行時に受けるストレス要因（円満でない同僚関係）は、療養保護士の組織没入に負（－）の影響を及ぼすであろう。

2）職務満足と組織没入が離職志向に及ぼす影響に関する仮説

　職務ストレスは、否定的な心理状態と身体的な不安感を誘発させ、また、職務満足と組織没入を減少させ、窮極的に離職志向を高める。すなわち、職務ストレスは、職務満足と組織没入を通じて離職志向に間接的な影響を及ぼす。一方、職務満足と組織没入は離職志向に直接的な影響を及ぼす。職務満足と組織没入が高ければ高いほど離職志向が低くなるということである。したがって、本研究では職務ストレス要因は否定的な感情評価を永続させ、職務満足と組織没入に負（－）の影響を及ぼし、更に療養保護士の職務環境にも悪影響を与え、離職志向を高めることを仮定した。

仮説5：療養保護士の職務満足は、離職志向に負（－）の影響を及ぼすであろう。
仮説6：療養保護士の組織没入は、離職志向に負（－）の影響を及ぼすであろう。

　本研究は、先行研究の検討と仮設の構築を通じて、療養保護士の職務ストレスは職務満足と組織没入を減少させる効果があり、これはまた離職志向を高めると仮定した。すなわち、職務ストレスが職務満足と組織没入に対して持つ直接効果と離職志向に対して持つ間接効果が同時に設定されたのである。また、職務満足

特集　介護労働の多面的理解

と組織没入は、離職志向に直接的な効果があるとした。このような変数間の複雑な因果関係を経験的に検証するためには、OLS回帰分析のような一般的な分析方法では不十分であり、研究の模型に含まれた全ての変数間の関係を同時に現すことができる構造方程式模型（Structural Equation Model, 以下 SEM）を構築して分析することが適切である。したがって、本研究は LISREL を利用した SEM 分析を通じて、上記で提示した七つの仮説を検証することにする。

4. 研究方法

(1) 資料収集

本研究は、療養保護士の職務ストレス要因による職務満足および組織没入が離職志向に及ぼす影響に関する実証的研究である。本研究の結果を通じて、療養保護のサービス提供者である療養保護人材を効率的で合理的に運営するため、政策的な含意を提供する。本研究の分析単位は個人であり、調査対象者の勤務先は光州広域市の療養保護機関である。資料収集は2009年6月1日から8月30日までにかけて実施され、面接者が直接、調査対象者に研究の目的と質問用紙作成法を説明して記入するようにした。収集された質問用紙は294部で、そのうち、不誠実な質問紙22部を除いた272部が最終分析に活用された。

(2) 変数の操作化と測定

上記で提示した仮説を検証するための各変数は、**表1**に詳しく説明されている。このような操作的な定義は、療養保護士の職務特性と関連して変数の基本的な概念に忠実であろうと努力した結果である。外生変数である職務ストレスを構成する変数としては、役割曖昧性と同僚との関係が選ばれ、媒介変数である職務満足と組織没入は先行研究で検証された尺度を使用した。最終内生変数である離職志向も先行研究で最も一般的に使われる尺度が含まれた。

これらの定義を説明すると次のようになる。

1) 職務ストレス要因

職務ストレスは、役割曖昧性と同僚との関係で測定された。役割曖昧性（role

表1　変数の操作的定義

区分		変数	測定項目	関連研究
A	職務ストレス要因	役割曖昧性	① 担当業務にはっきりとした使命感と目標を持っている。 ② 自分の役割をきちんと認識している。 ③ 役割に対する自分の責任は何なのか知っている。 ④ 役割に対する責任範囲を明らかに感じている。	Peterson et al. (1995) Arnold & Feldman (1984: 461) Johns (1996: 463) Kreitner & Kinicki (1992) Copper & Marshall (1997) イ・ウンヨン (2006)
B		同僚との関係	① 同僚間の意思疎通が円満ではない。 ② 同僚間で意見衝突が見られる。 ③ 同僚の助けを得ることができない。	
C		職務満足	① 自分の仕事に満足している。 ② 仕事が自分に合っていて楽しい。 ③ 自分の業務が非常に重要だと考えている。 ④ 自分の仕事に将来性を感じており、自分の発展に繋がると思っている。	Farmer 他 (2003) パク・キグァン (2008) パク・ヒソ他 (2001) ユ・ヨンヒョン (2009) カン・ファンゴン (2005)
D		組織没入	① 職場を誇りに思っている。 ② 職場に強い所属感を感じている。 ③ 職場の人達は平素自分に関心がない。 ④ 職場では自分が家族の一員のように感じる。 ⑤ 自分の仕事が好きである。	Balfour & Wechsler (1996) Bhaget (1985) Parker & DeCotiis (1983) オク・ウォンホ他 (2001) ジョン・ヨンマン (1999)
E		離職志向	① 何年か後には仕事を辞めたい。 ② 他の仕事を探したことがある。 ③ 離職志向は職場に対する不満から来るものだ。 ④ 朝、起きたら出勤したくない衝動に駆られる。	Good et al. (1988) Bhagat et al. (1985) パク・ヒソ他 (2001)
F		一般的な特徴	性別、結婚の有無、年齢、最終学歴、勤務機関、月平均所得。	

注) reverse coding.

ambiguity) は、職務を遂行する際、十分な情報が提供されず、どのような行動をしなければならないのかに対する不確実性を意味する。このため本研究では、責任と権限に対する理解と関連した質問項目を構成した。同僚との関係は、組織内で組織構成員との持続的な相互作用の中で成立する接触を通じて、いかなる関係を形成しているかを調べるためのものである。よって、同僚とのコミュニケーション、意見衝突、同僚の協力と関連した質問項目を構成した。このような要因に対する測定のため、Peterson et al. (1995) とイ・ウンヨン (2006) の指標を修正・活用した。

2) 職務満足と組織没入

職務満足 (Job satisfaction) は、組織の構成員が自分の職務に対して持っている一種の態度を意味する。すなわち、職務を通した自分の欲求が満たされていると知覚する程度のことである。職務と関連して愉快で肯定的な情緒状態と関連した満足程度に対する測定のため、カン・ファンゴン（2005）の指標を修正し、活用した。

組織没入は、組織構成員が自分の組織に対して感じる一体感および関与の相対的強度と定義される。本研究では、組織の情緒的没入に関連するものとして組織に対する肯定的感情、組織への愛着、所属感などとし、組織に対する測定は、Balfour & Wechsler（1996）の質問を活用した。

3) 離職志向

離職志向というのは、組織構成員が現在の職場で職務を遂行する過程上、職務不満足等により仕事を辞めたくなる衝動のことである。このような離職志向を測定するため、Good et al. (1988) が開発した測定道具を修正し、仕事を辞めたい理由が職場に対する不満から来るものなのかを調べた。

(3) 分析方法

この研究は、療養保護士の職務ストレスを誘発する役割の曖昧性と同僚間との関係が、職務満足や組織没入を減少させるという仮説を検証することにある。言い換えれば、最終的な来生変数の離職志向を含んだ五種類の変数関係がどちらかの一方から進行されるのではなく、互いに複合的な関係にあるということを前提にしている。このように、変数間に存在する複合的関係は、OLS回帰分析や序列ロジット分析と同じ方法では明らかにすることができないため、LISREL分析を通した構造方程式模型（Structural Equation Model, 以下 SEM）が分析方法に採択された。SEMは離職志向の減少、または、増加という結果が他の要因によってどのようにもたらされるのか、その具体的な過程を見せることができるという長点を持っている。

5. 研究結果

(1) 変数に対する測定模型推定とモデルの適合度

表2は構造方程式模型を構築するにあたり最初の段階の外生変数および内生変数のような理論変数と測定変数間の関連性がどの程度なのかを数値で表している。

理論的に設定された変数のため選択された測定変数が、実際どの程度一致するのか要因部下量 (factor loading) で表す。要因部下量が高く、t値段が有意味なほど、該当理論変数を測定変数が適切に代表していると言える。**表1**が示すように、外生変数である役割曖昧性と同僚関係、外生変数である職務満足、離職志向を測

表2 測定模型推定結果 (FACTOR LODINGS)

	内生変数		外生変数		
	役割曖昧性	同僚関係	職務満足	組織没入	離職志向
役割曖昧性 1	.81				
役割曖昧性 2	.89				
役割曖昧性 3	.87				
役割曖昧性 4	.53				
同僚関係 1		.80			
同僚関係 2		.76			
同僚関係 3		.62			
職務満足 1			.83		
職務満足 2			.80		
職務満足 3			.66		
職務満足 4			.64		
組織投入 1				.71	
組織投入 2				.85	
組織投入 3				.79	
組織投入 4				.72	
組織投入 5				.65	
離職志向 1					.66
離職志向 2					.76
離職志向 3					.63
離職志向 4					.69
cronbach's α	.838	.770	.815	.857	.789

* All Loadings are significant at p<.001

特集　介護労働の多面的理解

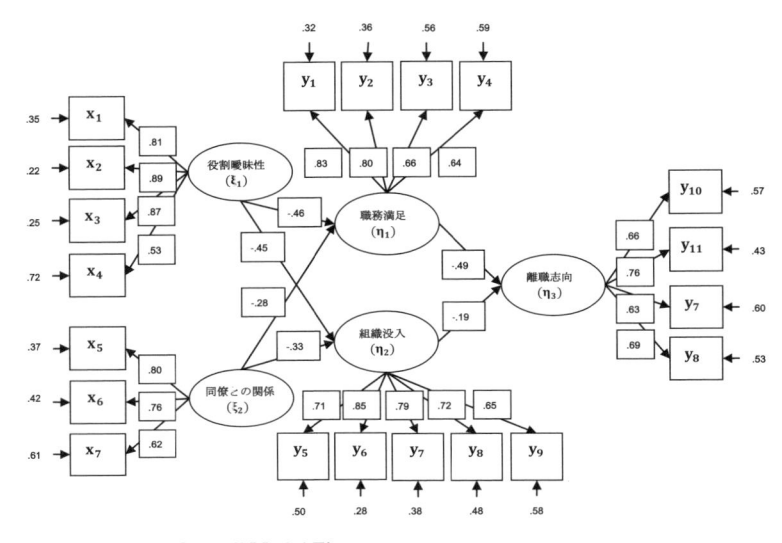

<Overall Model Fit>

N	272
Df	163
Chi-square	825.65
P	0.0000
GFI	0.766
AGFI	0.699
NFI	0.880
CFI	0.901
IFI	0.902
RMSEA	0.122

Figures are obtained from the completely standardized solutions in LISREL8
*: P<.05. **:P<.01. ***:P<.001

図2　離職志向に影響を及ぼす要因の構造方程式モデル

注) 図2は、上記で説明した測定変数の要因部下量と経路分析のための構造方程式モデルの適合度指数を表している。本図で提示された模型の適合度は、受け入れ可能な水準ではあるが、全般的には高くはない。まず、この構造方程式模型の Chi-square が825.65で、p-値段が0.0である。一般的に、p-値段が0.05以上である場合が最もよいモデルとされるが、この基準から見た場合、全般的な符合図は最適ではない。しかし、このような理想的な数値は、社会調査資料分析を通じてほとんど得ることができない数値であるため、これ一つだけで模型全体の適合度を判断するには無理がある。その上、構造方程式模型の検証は、標本の大きさに多大な影響を受けるが、全ての尺度が大体、正常分布を見せているにも関わらず、現在の標本のようにその数が272と少ない場合、全般的指数に不適当な現象が度々現れる。本図の下段部は、構造方程式模型の他の適合度指数も示している。構造方程式模型の適合度は一般的に、GFI,AGFI,NFI,CFI,IFI は1に、RMSEA は0に近接するほど最適なモデルになると言える。本図によると、GFI が0.766で、AGFI は0.699と低い方であり、NFI は0.880、CFI、0.901、IFI は0.902と高い水準である。このように構造方程式模型の適合度を評価する指数が一貫的でないことが本研究結果の弱点となるが、モデルの適合度を判断できる最も重要な指標の中の一つである経路模型と要因部下量26係数の全ての t 値段が留意するという点においては肯定的だ。結論的に、構造方程式構築を通じて五種類要因間の因果関係に対する推定は明確なものではないが、信頼できるほどの水準であり、したがって、これを基に上記で設定した仮説を検証するには問題はないと言える。

定するために使用された変数全ては、各々の理論変数に対して要因部下量が高い。全て0.6以上で現れており、構成概念を測定した変数全てに妥当性があることが分かる。また、測定変数の要因部下量が全て高いt値段 (p.<.001) に伴う有意度を表しているところを見ると、構造方程式模型の構築に使用された理論変数が測定変数によって明らかに説明されていることが分かる。特に、役割の曖昧性と職務没入の場合には、測定変数の要因部下量が一貫的に高く現れていることが分かる。要するに、各理論変数のための測定変数が同じ要因で縛られているということが確認される。それだけでなく、測定道具に対する信頼性を検定するために計算された **cronbach's** α も各理論変数に対するこれらの内的一貫性の高いことを見せている。五種類の理論変数全て0.8以上または0.8に近い **cronbach's** α が形成されているため、測定道具の信頼度も高いと言える。

(2) 仮説検証：離職志向に影響を及ぼす要因

表3は構造方程式模型構築を通じて現れた変数間関係の方向と程度を示している。全般的に上記で陳述された六種類の仮設が概して本表の結果によって支持されていることが分かる。また、本表に提示された結果が全て統計的に有意味だという点にも注目できる。まず、療養保護士の職務ストレス要因の役割曖昧性と職務満足および組織没入の関係を調べてみると、役割曖昧性は職務満足と組織没入を低くする効果があることが分かった。役割曖昧性が1増加すると、職務満足と組織没入は各々.46と.45と減少する。よって、ここでは仮設1と仮設2が支持される。第二に、療養保護士の他の職務ストレス要因である同僚関係も職務満足

表3　職務変数と離職志向間の関係

Variables	離職志向				
	役割曖昧性	同僚関係	職務満足	組織没入	離職志向
Latent Variables					
役割曖昧性	—	—	-.46***	-.45***	.31***
同僚関係	—	—	-.28***	-.33***	.20*
職務満足	—	—	—		-.49***
組織没入					-.19*

* p<.05, ** p<.01, *** p<.001

と組織没入を減少させている。すなわち、同僚関係が円満でない場合が1増加すると、職務満足と組織没入は各々.28と.33と減っている。これは、共に仕事をする同僚との関係に対する否定的な認識が職務満足と組織没入を下げることになるという仮設3と仮設4が支持されていることを示す。特に、役割曖昧性に比べて同僚関係が職務満足と組織没入に及ぼす影響が相対的に少ない。第三に、療養保護士の職務満足が高ければ高いほど離職の意図は減る。職務満足が1増加すると離職志向は.49と減少する。したがって、仮設5で提示された職務満足は離職志向に否定的な影響を及ぼすだろうという仮設も確認されている。最後に、療養保護士の組織没入が高ければ高いほど、離職志向は低くなるという事実が本表の結果を通じて確認される。組織没入が1増加すればするほど離職志向が.19減少する。すなわち、最後の六つ目の仮設もこの研究の構造方程式模型構築を通じて支持されていることが分かる。構造方程式模型の適合度が不満足であるにもかかわらず、この研究の主題と直接的な関連がある統計値が全て仮設を支持する方向で現れているという点は評価するに値する。しかし、模型の適合度の低さがこの研究結果の一般化の可能性を低くするという事実は忘れてはならないであろう。

おわりに

本研究は、最近韓国社会で療養保護士の社会的役割と重要性が高まっているにもかかわらず、これに対する実証的な研究がほとんどなされていないという認識の下、調査資料に対する深層分析を基に療養保護士の離職志向に影響を及ぼす要因に関して調査をした。療養保護士の離職志向を決める外生変数として職務ストレス要因の役割曖昧性と同寮関係が選択され、媒介変数としては職務満足と組織没入が設定された。この研究は、五種類の理論変数間の関係を先行研究に対する検討を通して六つの仮説を構築した。LISREL分析を通じた構造方程式模型を構築した結果は、六つの仮設が全て支持されていることを示している。すなわち、役割曖昧性と円満でない同僚との関係は、各々職務満足と組織没入を低くするものと判明され、職務満足と組織没入はまた離職志向を高めることが明らかになった。このような結果は、他の業種で仕事をする人々と同じように療養保護士も彼らの業務遂行過程に現れる不明な業務遂行の範囲と組織内の円満でない対人関係

が職務満足と組織没入を媒介に離職しようとする意思を増加させていることを示している。

　療養保護士の高い離職志向は、療養保護サービス対象者に対するサービス質の低下に繋がる。したがって、介護が必要な高齢者に身体的、情緒的、社会的支援を提供しようとする療養保護福祉政策の基本目標を達成させるために、療養保護士のストレスを減らす業務環境を作り、また、離職志向を減少させる努力が必要であろう。この研究は、このような政策的必要性に根拠を提供しようとする試みの中の一つであり、これに対する経験的証拠が分析を通じて確保されたと評価できるであろう。しかし、本研究が持っている限界も明らかに見られる。まず、本研究は資料の限界により、必要な変数を十分に模型に含ませることができなかったことにある。具体的に、療養保護士のストレス、職務満足、職務没入と同じ心理的状態が賃金、労働時間、福祉水準と同じ職務環境に影響を与え、また形成され、これらはまた離職志向の水準を決めるという事実を勘案すれば、このような変数の不在は仮説を明確に支持できるものとは言えない。第二に、上記で明らかにしたように、この研究は、光州地域272名の療養保護士だけを分析したもので、その結果を全国的な水準として一般化するのには無理があると言える。なぜなら、標本が小規模でもあり、光州地域の地域的特性が研究結果に反映した可能性があるためである。今後、療養保護士に対する研究は、このような限界を補完した、より十分な情報を含む資料をもって分析が成り立たなければならない。それにもかかわらず、仮設を支持する結果数値の統計的一貫性を見た場合、このような限界が一環としてこの研究結果の信頼性を下げるものではないと判断してもよいであろう。

〔引用・参考文献〕
カン・ファンゴン（2005）『民間警備員の職務ストレスが職務満足及び離職意思に及ぼす影響』（京畿大学博士学位論文）。
キム・クムジュ（2009）「老人療養施設療養保護士の職務ストレスがサービス質に及ぼす影響―職務満足媒介効果を中心に―」全北大学地方自治研究所『地方自治研究』第13集。
キム・テウォン、パク・チョルミン（2003）「地方公務員の職務ストレスと組織没入度の影

響変数の経路分析」『韓国地方自治学会報』第15冊4号、49-70頁。
キム・ジェヨル、ト・ユンギョン(2000)「職務ストレスの要因と職務態度との関係で個人差の調節効果に関する研究」『秘書学論叢』9(1)、125-144頁。
キム・テヒ、チャン・ギョンノ、ユン・スンジェ(2006)「スポーツ産業従事者の組織関連満足と没入、職業関連満足と没入が離職意図に及ぼす影響」『体育館学研究』17(2)、84-99頁。
キム・ヘンヨル(2007)「社会福祉士の職務ストレスが離職志向に及ぼす影響に関する研究」『公共行政研究』8(1)、127-149頁。
キム・ヒョンソプ(2005)「ホテル従事員の職務ストレス、職務満足、組織没入と離職意図との関係に対する研究」『観光研究』19(3)、203-225頁。
パク・キグァン(2008)「職務満足および組織没入の決定要因に関する研究"地方公務員の職務ストレスを中心に"」韓国地方行政研究院『地方行政研究』第22冊第2号（通巻73号）。
パク・ジェヒ(2009)「ホテル従事員の職務ストレスに伴う減少が職務満足および離職意図に及ぼす影響」韓国ホテルリゾート学会『ホテルリスト研究』第8冊第2号。
パク・チャサン、キム・オクヒ、オム・キオク、イ・ギョンナム、ジョン・サンヤン(2009)『韓国老人福祉論』学志社。
パク・ヒソ、オ・セニン、ノ・シピョン(2001)「一線公務員の役割ストレスが離職衝動に及ぼした影響に対する因果模型検証」『韓国社会と行政研究』第12冊第2号、35頁。
保健福祉家族部(2009)『療養保護社標準教材』韓国療養保護協会（www.silvercare.org）。
ソ・ヨンホ、チョ・ヒョンイク、ヤン・ジェグン(2009)「商業スポーツセンター従事者の職務ストレスと職務減少、組織没入および離職意図の関係」体育科学研究院『体育科学研究』第20冊第2号。
ヤン・オクナム、キム・ヘギョン、キム・ミスク、チョン・スンドゥル(2009)『老人福祉論』共同体。
オク・ウォンホ、キム・ソクヨン(2001)「地方公務員の職務ストレスと職務満足および組織没入に関する研究」『韓国行政学報』第35冊4号、355-373頁。
ユ・ヨンヒョン(2009)「海洋警察公務員の職務ストレス要因が職務満足と組織没入に及ぼす影響」韓国人的資源管理学会『人的資源管理研究』第16冊第4号。
イ・ウンヨン(2006)『老人医療福祉施設従事者の職務ストレスがサービス質に及ぼす影響に関する研究』梨花女子大学校修士学位論文。
イ・ヒョンア、イ・ギハク(2009)「専門相談教師の職務ストレス要因と職務満足度、心理的減少の関係」韓国心理学会『韓国心理学会誌』第6冊第1号。
イ・ファンボン、イ・スチャン(2006)「警察公務員の職務ストレス、職務満足、組織没入と離職意図間の相互関係に関する研究」韓国組織学会『韓国組織学会報』第3冊第2号。
チョン・スンオン(1992)『職務ストレスに対する社会的支援の役割』仁荷大学院博士学位論文。

ジョン・ヨンマン（1999）「職務ストレス要因が組織没入に及ぼす影響に関する実証的研究」『韓国独立経営学会』第11冊、357–374頁。
チェ・ウェ－ソン（2003）『精神遅滞学校教師の職務ストレスと職務満足度との相関関係研究』大邱大学教育大学院修士学位論文。
ハ・ミスン、クォン・ヨンス（2002）「韓国公務員の職務ストレス要因と結果に関する研究：中央部署公務員を対象に」韓国行政学会『2002年度夏季学術大会』。

Arnold, H. J. & Feldman, P. C. (1986) *Organizational Behavior,* Mc Graw-Hill Book Company.
Balfour, D. and Wechsler, B. (1996) "Organizational Commitment: Antecedents and Outcomes in Public Organizations", *Public Productivity and Management Review*, 29: 256-277.
Beehr, T. A. and Newman, J. E. (1978) "Job Stress, employee health, and organizational effectiveness: A facet analysis, model, and literature review", *Personnel Psychology,* 31.
Beehr, T. A., Walsh, J. T. and Tabor, T. D. (1976) "Relationship of Stress to Individually and Organizational Valued States: Higher order Needs as a Moderator", *Journal of Applied Psychology,* 61: 30-34.
Bhagat, R. S. (1985) "Occupational Stresses and Job Satisfaction", *The Journal of Social Psychology,* 100.
Bhagat, R.S., McQuaid, S.J., Lindholm, H. and Segovis, J. (1985) "Total Life Stress: A Multimethod Validation of the Coustruct and Its Effects of Organizationally Valued Outcomes and Withrawal Behavior", *Journal of Applied Psychology*, 70: 202-214.
Copper. C.L. and Marshall, J. (1978) "An Audit managerial Stress", *Journal of Enterprise Management,* 1: 185-146.
Copper, C. L. and Marshall, J, (1977) "Occupational sources of stress: A review of the literature relating to coronary heart disease and mental ill health", *Journal of Aoaccupational Psychology*, Vol. 49. 11-28.
Cordes, C.L. and Dogherty, T.W. (1993) "A Review and an Integration of Research on Job Burnout", *Academy of Management Review,* 18: 621-659.
Farmer, S. J., Beehr, T. A. and Love, K. G. (2003) "Becoming an undercover police officer: A note on fairness perceptions, behavior, and attitudes", *Journal of Organizational Behavior.* 24: 373-387.
French, J. R. P., Jr. and Caplan, R. D. (1972) "Occupational stress and individual strain", in A. J. Marrow (Eds.), *The Failure of Success,* New York: Amacom.
French, J.R.P., Rogers, W. and Cobb. S. (1980) *Adjustment as a Person-Environment Fit*.
Gibson, J. L., Ivancevich, J. M. and Donnery, J. H. (1985) *Organizations: Behavior, Structure, Process* (5th ed.), Plano, Texas: Business Publications. 146-222.
Good, Linds K., Grovalynn, F. Sisler and James, W. Gentry (1988) "Antecedents of Turnover Intentions Among Retail Management Personnel", *Journal of Retailing.* 64 (3): 117-136.
Greene, C. and Organ, D. (1973) "Role Ambiguity, Locus of Control, Role Dinamics and Job

Behavior", *Journal of Applied Psychology,* 12: 101-102.

Hellriegel, D, Slocumm, J. W. and Woodman, R. W. (1986) *Organizational Bebaviors,* St. Paul: West Publishing Co.

Jamel, M. (1984) "Job Stress and Job Performance Controversy", *Organizational Behavior and Human Performance,* 32: 174-192.

Johns, G. (1996) *Organizational Behavior* (4th ed.), Harper Collins College Publishers.

Katz, D. and Kahn, R. L. (1966) *The Social Psychology of Organizations*, New York: John Wiley and Sons.

Katz, D. and Kahn, R. L. (1978) *The Social Psychology of Organizations*, N.Y. John Wiley & Sons.

Kreitner, R. and Kinicki, A. (1992) *Organizational Behavior* (2nd ed.), Richard D. Irwin Inc.

Magolis, B. K. and Kross, W. H. (1974) "Occupational Stress Strain", A McClean (Eds.), *Occupational Stress,* Springfield, Illinoise: Thomas.

Margolis, G. L., Kroes, W. H. and Quinn, R. P. (1974) "Job Stress : An Unlisted Occupational Hazard", *Journal of Occupational Medicine*, Vol. 16.

Parker, D.F. and DeCotiis, T.A. (1983) "Occupational Determinanrs of Job Stress", *Organizational Behavior and Human Performance*, 32: 160-177.

Pearce, J. L. (1981) "Bringing Some Clarity to Role Ambiguity Research", *Academy of Management Review.* 16, 665-674.

Peterson, M. F. and Colleagues (1995) "Role Conflict, Ambiguity, and Overload: A 21-nation Study", *Academy of Management Journal*, 38 (2): 429-452.

Schultz, D.P. (1982) *Psychology and Industry Today: An Instruction to Industrial and Organizational Psychology*, McMillan Publishing Co.

Stinglhamber, F., and Vandenberghe, C. (2003) "Organizations and supervisors as sources of support and targets of commitment: A longitudinal study", *Journal of Organizational Behavior,* 24 (3): 251-270.

Williams, L. J. and Hazer, J. T. (1986) "Antecedents and consequences of satisfaction and commitment in turnover models: A reanalysis using latent variable structural equation methods", *Journal of Applied Psychology,* 71: 219-231.

〔付記〕

本稿は、「韓国ガバナンス学会報」(2010年) に提出した原稿を修正したものである。

投稿論文(研究ノート)

1 地方一般行政職の若手職員における
　職業キャリア・イメージの保有度　　　　　中嶋　剛
　——採用学歴区分の違いに注目して——

地方一般行政職の若手職員における
職業キャリア・イメージの保有度
―― 採用学歴区分の違いに注目して ――

中嶌　剛
(東洋英和女学院大学)

はじめに

　2009年度以降、新規学卒採用の状況が厳しくなる中で安定シフト要因が働く結果、安定志向や公務員志向の若者や学生の増大が指摘されている[1]。一方、安定的と一括りにされがちな職種である公務員職においては、歴然とした学歴優遇措置が存在し、個人の能動的・主体的なキャリア・デザイン(職務経歴・スキルの形成)を配慮した人事異動が必ずしもなされていないとの指摘がある(中野、2008)。通常、公務員採用試験には筆記試験と面接(人物)試験が課され、入職後の昇進・昇格も年功制が強いことを考えれば、職業キャリアという点からは極端な「入口」重視の構造になっている(中野、2008: 23; 山本、2009: 90)。また、相対的な離職率の低さをあわせて考慮すると、入職前後の状況が定年後まで長期的な影響をおよぼす可能性がある[2]。

　こうした状況下において、安定的職業に対する志望動機(理由)の質的な違いによって将来の職業キャリアに対する捉え方やイメージ(以下、「職業キャリア・イメージ」)の持ち様に差を生じることが予測される。本稿で注目する職業キャリア・イメージと類似の概念として、日本労働研究機構(1999)が取り上げる「職業キャリア意識」がある。当該意識は異業種間転職者と同業間転職者に分かれる背景要因として用いられている概念であり、①過去に習得した専門知識・技術を生かせる業務をしたいという意識、②より高度な知識・技術を必要とする業務をしたいという意識、③出世コースの業務をしたいという意識、④転職しながら自分の専門分野を形成していきたいという意識、⑤キャリア形成に結びつく転職をしていきたいという意識のいずれかとされる。しかし、本分析の目的は職業キャ

投稿論文（研究ノート）

リア・イメージの具体的中身を問うというよりも何らかの具体化を行っているか否かの規定要因を探ることにあるため、上記の先行調査の枠組みにとらわれない「職業キャリア・イメージの保有度」という操作的な定義づけをしている。

そこで、本稿では若手公務員を対象にして、個々の職員の視点から職業キャリア意識を捉え直し、将来の職業キャリアに関するイメージの保有度について解明することを目的とする。採用学歴区分の違いが業務範囲やキャリアパス、および賃金・処遇の差異を生むことは自明であるが、公務員採用試験における「年齢制限（上限と下限）[3]」[4]の存在が、公務員就業に対する志望動機の成熟度、ひいては、将来の職業キャリア・イメージにどのような影響をもたらすのかという点については未解明であるため、公務員職への入職前と入職後の両要因に注目する。入職前の状況の差異を表す指標としては「採用学歴区分」「内定志望順位」などに注目する。その一方で、将来の自治体組織のパフォーマンスを視野に入れた本分析においては、入職後の良好な職場環境（仕事内容・上司や部下や同僚との人間関係）を通じた積極性や心のゆとりが公共サービスの質にとって極めて重要な要因になることを考慮し、入職後の要因として「就業満足度」を用いる。

上記の問題意識を踏まえ、本稿では一般行政職の地方公務員の個票データを用いて、入職時の状況の差が職業キャリア・イメージにどのような影響の違いをもたらすかについて実証的に分析する。本稿の構成は以下の通りである。第1節では本分析で用いるデータを紹介し、分析課題を述べる。第2節では推定モデルを提示した上で3つの仮説を検証しながら推定結果を検討する。加えて、職業キャリア・イメージに対するバイアスを考慮した再推計を行い、推定結果の検証を行う。最後に、本稿のまとめと残された研究課題を言及する。

1. 分析対象と分析課題

(1) 分析対象

労働市場をめぐる事情が大きく異なる中央省庁と地方政府を同時に扱うことは困難であることから、本稿では政府や独立行政法人で働く国家公務員ではなく地方公共団体や独立行政法人で働く地方公務員に注目する。また、地域主権やポストNPM（New Public Management）といった地域の活性化の機運が高まる中、地

方公務員個人のキャリア意識の内実を解明することが、地方行政を基盤の部分から考察することにつながるという点で重要な解明課題であると考えた。地方公務員の職種は「一般行政職」「技能労務職」「高等学校教育職」「小・中学校教育職」「警察職」など広範にわたるが[5]、採用学歴区分に注目する本稿では、一般行政職に分析対象を設定する。第一の理由は、職種によるバイアスを避けるため、大学卒業程度の公務員(以下、「大卒公務員」とよぶ)と高校卒業程度の公務員(以下、短大卒枠および高校卒枠の公務員を「高卒公務員」とよぶ)とが等分できる点である。表1からも、2008年(2003年)の一般行政職における学歴別職員構成比は、大卒公務員54.4%(49.2%)と高卒公務員45.1%(49.7%)とがほぼ均等であることが確認できる[6]。第二の理由として、事務職系と公安職系に大別される公務員職種の多様性への配慮があげられる(中野、2010: 72)。すなわち、一般行政職の公務員は公安職の公務員ほどキャリアパスが特定的ではないことから、自治体職員個人の意識を通して自治体組織の在り方やパフォーマンスへの影響を視野に入れた問題設定を行っている本稿の分析対象としてより適切であると考えた。

使用データは、筆者が2008年7月～9月にかけて首都圏(2008年7～8月)および近畿圏(2008年8～9月)において実施した「若手公務員のキャリア意識調査(個人調査)」により収集したデータである。調査対象は、東京都内(15区役所、および12市役所)の20歳～35歳までの地方公務員(一般行政職)、配布数1,176、回答数763(有効回答率64.8%)、および、近畿地方(大阪・兵庫・京都・滋賀・奈

表1　職種別・学歴別職員数構成比(全地方公共団体)

(%)

区分	大学卒		短大卒		高校卒		中学卒	
	2008年	2003年	2008年	2003年	2008年	2003年	2008年	2003年
全職種	54.7	50.1	16.1	16.2	26.8	30.0	2.3	3.7
一般行政職	54.4	49.2	9.8	9.5	35.3	40.2	0.6	1.0
技能労務職	1.6	1.3	4.6	3.8	62.7	58.4	31.0	36.5
高等学校教育職	93.4	92.5	2.6	2.9	4.0	4.5	0.0	0.0
小・中学校教育職	89.0	87.2	10.9	12.7	0.1	0.1	0.0	0.0
警察職	43.9	36.8	3.1	2.7	52.9	60.4	0.0	0.0

注)学歴は最終学歴ではなく、給与決定上の学歴である。
出所)地方公務員制度研究会編、2009。

投稿論文（研究ノート）

良・和歌山・三重の主要16市役所）の20歳〜35歳までの地方公務員（一般行政職）、配布数1,804、回答数は672（有効回答率37.3％）である。調査方法については、郵送法（スノーボール・サンプリング法）と留置法による自記式の質問紙調査を採用した。前者の方法については、回答後に回答者から直接筆者に質問票を郵送してもらうことで回答の匿名性を確保した。後者の方法については、質問紙調査とインタビュー調査の両方を実施した場合に使用した。事前に調査票を配布し、後日のインタビュー調査時に調査員が直接回収した。なお、回収票数の合

表2　記述統計量

	大卒公務員 (n = 1006)		高卒公務員 (n = 429)	
	Mean	SD	Mean	SD
平均年齢（歳）	28.2	3.56	26.9	5.63
勤続年数（年）	4.8	3.46	6.9	5.46
有配偶率（％）	32.5	0.47	34.4	0.47
転職経験比率（％）	35.9	0.48	19.6	0.40
＜性別＞				
男性	64.8	0.48	50.6	0.50
女性	35.2	0.52	49.4	0.50
＜内定志望順位＞				
第1志望	59.8	0.49	58.4	0.49
第2志望	24.6	0.43	13.3	0.34
第3志望	11.5	0.31	23.6	0.42
＜スクーリング経験＞				
公務員養成教育	57.3	0.49	50.8	0.50
独学	42.7	0.51	49.2	0.50
＜環境的要因＞				
身近な公務員の存在	69.0	0.46	57.5	0.49
＜地域＞				
首都圏	59.9	0.49	39.2	0.52
関西圏	41.1	0.51	60.8	0.48
＜就業満足度＞				
仕事内容面	67.5	0.55	59.0	0.49
待遇面	65.5	0.47	59.6	0.49
職場関係面	79.4	0.41	69.8	0.46

注）就業満足度は、五件法の質問において「5. 大変満足」または「4. 満足」を回答した者の合計割合である。
資料出所）筆者による「若手公務員のキャリア意識調査」(2008)

計は1,435票である。採用学歴区分別では大卒公務員が1,006人、高卒公務員が429人となった。大卒／高卒比率は3:2であるから、本サンプルは**表1**の同時期（2008年）の全国平均割合ともおおよそ等しく、比較的バイアスの少ないデータといえる。基本属性については、**表2**を参照されたい。

(2) 分析課題

本分析では、職業キャリアに対するイメージ化が進む確率について、採用学歴区分の違いから「大卒公務員」と「高卒公務員」の2つのモデルを設定し、そのうえで、3つの仮説に基づき数量データで確認を行う。職業キャリア・イメージには経験年数の長期化（年齢効果）が重要な要因になると考え、転職経験や既婚などのライフ・イベントの効果および身近な公務員の有無などの環境要因の効果を設定した。そのうえで、以下のような仮説を検証する。

仮説1：採用学歴区分が低い高卒公務員ほど、職業キャリア・イメージを持ちやすい。

公務員採用試験における年齢要件の違いから、年齢効果は高卒公務員に対して影響度が大きいことが考えられる。通常、勤続年数は年齢に比例するため、受験上限年齢が低い高卒公務員の方が職業キャリアに対するイメージを持ちやすくなるか否かに注目する。

仮説2：内定公務員の志望順位が上位である者ほど、職業キャリア・イメージを持ちやすい。

内定志望順位は就業満足度と関連が深いことが考えられるため、就業満足度と職業キャリアに対するイメージとの関連に注目する。

仮説3：身近な公務員が存在する者ほど、職業キャリア・イメージを持ちやすい。

公務員進路選択者にとって、親類や友人・知人に公務員が存在する場合、ロール・モデルになりうるため、採用学歴区分にかかわらず、プラスの効果が働きやすくなることが考えられる。したがって、ロール・モデルの存在と職業キャリア・イメージとの関係に注目する。

投稿論文（研究ノート）

2. 職業キャリア・イメージの規定要因

(1) 推定モデル

　本論文の目的を達成するためには、採用学歴区分の代理変数として学歴区分変数を説明変数に組み入れて分析するか、もしくは、採用学歴区分のグループごとに推定を行うかの方法が考えられる。採用学歴区分の違いによるさまざまな効果を考察するには後者の方が望ましいと判断した。よって、以下の推定では、大卒公務員グループと高卒公務員グループとを個別に計測し、推定結果を比較する方法を採用した。具体的には、採用学歴区分ごとにデータを分け、それぞれ入職前後の諸変数を説明変数に用いて段階的投入を行った。モデル(1)では、年齢や有配偶率や転職経験等の基本属性を表すもの、および、内定志望順位やスクーリング経験等の入職前状況に深く関与すると思われるものを使用した。全投入したモデル(2)では、それらに加えて、入職後の状況を表す就業満足度（「仕事面」・「待遇面」・「職場環境面」）に関する3つの変数を使用した。被説明変数には職業キャリア・イメージの保有に関する代理変数として、「将来の職業キャリアに関するイメージの程度」に関する設問（五件法）において、「5. 十分持っている」「4. 持っている」のいずれかを回答した場合を1、「3. どちらでもない」「2. あまり持っていない」「1. 持っていない」のいずれかを回答した場合を0としたダミー変数を用いた。説明変数については**表2**を参照されたい。

　とりわけ、年齢効果については、一次項と二乗項のほか、「性別ダミー」「有配偶ダミー」「転職経験ダミー」と一次項との交差項を加えた。職業キャリア・イメージへの年齢効果に関しては、勤続年数の長期化に伴い具体化が進むことが考えられるため、プラスの効果が予測される。さらに、加齢とともに結婚や転職のようなライフ・イベントを経験することも同様にプラス効果が比較的容易に予想される。性別については、近年の女性公務員の勤続長期化の傾向を考慮すれば、必ずしも男性効果がプラスに働くとは限らないため、符号はどちらとも言い切れない。[7]転職経験効果については、公務員に対する志望動機の質により影響は異なるだろう。たとえば、公務員転職に自己実現を託す場合のように何らかの明確な目的や意図が存在する場合には、プラスの効果が期待されるが、安定性や生活保障のよ

うな大義的な人生目標としての意味合いが強ければマイナス効果が働きやすくなることも考えられる。したがって、この場合も符号の予測は難しい。

また、教育効果として、公務員養成校や対策講座などでの「スクーリング経験」および「内定志望順位」、環境要因として、「身近な公務員(ロール・モデル)の有無」を変数に加えた。スクーリング経験においては、公務員への安定的就業が一義的な目標である者ほどマイナス効果が生じやすくなる可能性がある。内定志望順位については、スクーリング経験が効率的な合格(すなわち、内定順位の上昇)と正の相関関係にあるとするならば第一志望公務員はスクーリング経験と同様の効果が予想され、逆相関の場合には符号は逆になる。しかしながら、第二志望公務員や第三志望公務員に内定した場合の職業キャリア・イメージの程度については、先行調査もなく、一概に予測することは難しい。一方で、環境的要因である身近な公務員では、職業キャリアにおけるロール・モデルの存在が職業キャリアのイメージ化に寄与することが考えられるため、プラスの効果が予想される。さらに、就業満足度については、職場での人間関係を含む「職場関係満足度」は、身近な公務員と同様の効果が予想されるが、「仕事内容満足度」「待遇満足度」については、安定的就業下における現状の満足度が将来のイメージ化にプラスにもマイナスにも作用することが考えられるため、符号の予測は困難である。

(2) 推定結果

表3は、採用学歴区分によるグループごとに入職前要因のみで推定したモデル(1)と入職前後の要因で推定したモデル(2)の推定結果を示したものである。ここでは、モデル(1)とモデル(2)を通じて一貫してみられた結果に注目する。

両公務員において、モデル(1)・モデル(2)に共通して「身近な公務員」で有意性の高いプラスの結果が得られた。すなわち、採用学歴区分に関係なく、入職前時点での公務員の存在や入職後におけるロール・モデルとしての先輩公務員の存在が公務員キャリアのイメージ化にとって有利に働くということである。係数推定値の大きさからも、この傾向は入職後に強まる傾向がうかがえた。

一方で、両公務員間で異なる結果も示された。まず、大卒公務員のみでモデル(1)・モデル(2)を通してプラスで有意だった変数は、年齢の一次項と有配偶の交差

投稿論文（研究ノート）

表3　採用学歴区分別にみた職業キャリア・イメージへの影響（プロビット推定）

説明変数 ＼ モデル	大卒公務員(1)	大卒公務員(2)	高卒公務員(1)	高卒公務員(2)
定数項	-0.318 (-2.52) **	-0.608 (-4.55) ***	-1.030 (-2.72) **	0.023 (0.10)
年齢	0.006 (1.27)	0.021 (3.96) ***	0.074 (1.47)	0.004 (0.50)
年齢×性別ダミー	0.004 (0.80)	0.013 (2.37) *	-0.009 (-0.17)	0.003 (0.40)
年齢×有配偶ダミー	0.019 (3.25) ***	0.024 (4.50) ***	0.199 (2.80) **	0.004 (1.47)
年齢×転職経験ダミー	0.004 (0.44)	0.005 (1.02)	-0.148 (-2.13) *	0.006 (0.67)
年齢二乗／100	-0.007 (-1.10)	0.037 (6.47) ***	-0.102 (-3.02) ***	-0.005 (-2.02) *
性別ダミー	0.013 (1.51)	0.013 (2.46) **	0.124 (2.33) *	0.012 (0.14)
有配偶ダミー	-0.019 (-2.76) **	-0.003 (-0.60)	-0.033 (-0.58)	-0.015 (-1.42)
転職経験ダミー	-0.017 (-2.45) *	0.009 (1.46)	0.133 (1.87)	0.021 (1.37)
第一志望公務員ダミー	-0.033 (-3.63) ***	-0.010 (-1.27)	-0.163 (-2.35) **	-0.134 (-2.13) *
第二志望公務員ダミー	0.176 (5.01) ***	-0.016 (-2.49) **	0.006 (0.15)	-0.093 (-3.10) **
第三志望公務員ダミー	-0.008 (-1.52)	-0.011 (-1.61)	0.069 (1.25)	-0.013 (-0.54)
スクーリング経験ダミー	0.012 (2.41) *	0.027 (3.06) **	0.047 (0.82)	0.291 (3.31) ***
身近な公務員ダミー	0.017 (3.87) ***	0.282 (6.92) ***	0.164 (2.35) *	0.437 (4.58) ***
仕事内容満足度ダミー		0.001 (0.14)		-0.008 (-0.51)
待遇満足度ダミー		-0.012 (-1.93)		-0.028 (-2.57)
職場関係満足度ダミー		0.001 (0.13)		0.002 (0.25)
サンプル・サイズ	1006	1006	429	429
Log Likelihood	-393.799	-399.571	-121.427	-139.552
疑似決定係数	0.378	0.452	0.659	0.471

注1）説明変数の数値は推定係数、括弧内はt値である。
注2）***は有意水準が1%、**は5%、*は10%で有意であることを表す。
注3）「スクーリング経験」とは、公務員予備校（専門学校）への通学経験のことであり、Wスクールなどにおける講座受講の場合も含まれる。
資料出所）表2に同じ。

項、および、スクーリング経験の一次項であった。年齢変数と有配偶変数との乗数項の係数より、結婚を経る場合に職業キャリア・イメージへのプラスの年齢効果が働く傾向がみられた。これは、既婚者のみに限定すると、年齢が増すにつれてワーク・ライフ・バランスを含めた人生設計が立てやすくなることを意味している。スクーリング経験効果については、公務員予備校（専門学校）を通じた学びや経験が公務員キャリアのイメージ化に結びつきやすい傾向が示されている。ただし、高卒公務員のモデル(2)でも有意性の高い同様の効果がみられることからも、採用学歴区分の差というよりも公務員就業を継続する中で次第に表出してく

る効果であることが推察できる。

　つぎに、高卒公務員では、年齢の二乗項、および、第一志望公務員の一次項がともにマイナスで有意となった。年齢の二乗項の係数からは、一定年齢を超えた加齢については職業キャリアのイメージ化を抑制する可能性が示唆される。しかし、大卒公務員は有意ではなく職業キャリア・イメージが一定年齢以上で抑制されることは少ないと判断できる。すなわち、採用学歴区分による昇進・昇給のシステムの慣習的な違いから、高卒者にとって、キャリアパスが限定的であることが職業キャリアに対する自由なイメージ化の障害となっている可能性が考えられる。

　上記の結果以外に、モデル(1)とモデル(2)とで有意な結果で唯一符号が逆転したのは、大卒公務員の「第二志望公務員」であった。プラスからマイナスへの変化より、第二志望の公務員に入職した大卒者では、入職後の就業満足度の高まりが職業キャリア・イメージにマイナスに作用しやすくなる可能性が示されている。すなわち、行政職務の現場経験を通じて、各個人の最優先の価値が職業キャリアや職務に対するさまざまな野望から人事昇進へと変わり、無難かつ慣習的な公務員キャリアのイメージ化につながっている構造がうかがえる。ただし、大卒公務員のモデル(2)でいずれの就業満足度に関する変数も有意ではないため、就業満足度以外の何らかの入職後要因が職業キャリアの具体化の必要性や緊急性を低めている可能性が考えられる。しかしながら、本稿で使用する入職後要因に関する変数は就業満足度のみであるというデータ制約上、入職後の他の要因について検討するには一定の限界がある。

(3) 仮説検証

　以下では、採用学歴グループごとに異なる結果が生じた背景要因を探るとともに、職業キャリア・イメージの形成を促す要因を調べるために、前述した3つの仮説について順に検証を行っていく。

＜仮説1の検証：採用学歴区分が低い高卒公務員ほど、職業キャリアのイメージ化が進む＞

　公務員採用試験の受験上限年齢が低い高卒公務員の方が公務員キャリアのイ

メージ化が早まるか否かという論点である。高卒公務員では、モデル(2)の年齢効果は年齢の二乗項のみでマイナスで有意であり、モデル(1)の年齢効果を勘案すると、公務員採用試験の採用学歴区分における受験上限年齢の低さが、加齢に伴う（公務員への）転職機会に制限をかけることで、職業人生を決定づける側面がみられる。また、高卒公務員のモデル(1)で年齢の一次項と有配偶の交差項が有意なプラスであったが、大卒公務員のモデル(1)・モデル(2)でも同様の効果がみられるため採用学歴区分差が直接的な要因になっているとはいえない。加えて、高卒公務員のモデル(1)でみられた年齢の一次項との交差項の有意性がモデル(2)ではすべて失われたことからも、仮説1は棄却されると結論できる。むしろ、大卒公務員のモデル(2)から、年齢効果は高卒公務員よりも大卒公務員に顕著であることが確認できる。すなわち、公務員進路に対する志望意識の成熟度の違いが勤続年数の長期化とともに職業キャリア・イメージに差異を生じる構造が読み取れる。換言すれば、志望の動機が単なる安定性や他人の薦めなどの場合には、勤続年数の長期化を伴って職業キャリアの具体化にプラスに作用しにくくなる可能性が考えられる。ここでの議論は、「採用学歴区分の低い国家Ⅲ種において、賃金や景況感の悪化が志望動機としての職位安定(job security)の重要性を高める」という猪木・勇上（2001）の指摘とも整合的である。

＜仮説2の検証：内定公務員の志望順位が上位である者ほど、職業キャリアのイメージ化が進む＞

第一志望公務員変数では、両公務員ともモデル(1)で有意なマイナスとなっている。係数推定値は高卒公務員が大卒公務員の約5倍であること、および、モデル(2)では高卒公務員のみで有意であることから、高卒公務員の方が本命の公務員就業の実現による人生目標到達の意識が高まりやすいことが確認できる。この傾向は、モデル(1)の年齢の一次項と転職経験変数との交差項の結果からも、加齢によって強まることも示されている。すなわち、高卒公務員の場合には、受験上限年齢の低さからくるタイムリミットが進路内定による安心感や安堵感を生じやすくしていることが考えられる。しかしながら、高卒公務員のモデル(2)では、年齢の二乗項もしくは内定志望順位（第一志望および第二志望）と職業キャリア・イ

メージとの逆相関の関係性を、スクーリング経験もしくは身近な公務員の存在と職業キャリアのイメージ化との正相関性が上回っている（0.005＋0.134＋0.093＜0.291＋0.437）。このことは内定志望順位差が職業キャリア・イメージに対して決定的な差異をもたらす要因ではないことを表している。したがって、仮説2も棄却されると判断できる。また、第三志望以下になると、内定順位自体が職業キャリア・イメージに対して重要でなくなることがわかる。

＜仮説3の検証：身近な公務員が存在する者ほど、職業キャリアのイメージ化が進む＞

両公務員のモデル(1)・モデル(2)を通じて得られた身近な公務員のプラス効果については、親類や友人・知人が公務員の場合、それらの存在がロール・モデルとしての役割を果たす可能性が大きいことを表している。いずれの公務員においても、モデル(1)よりもモデル(2)で有意性が高まる傾向にあることから、職業キャリアに対する近しい公務員の影響は入職後に受けやすくなることが推察される。また、高卒公務員の係数推定値が大卒公務員よりも、モデル(1)で約10倍、モデル(2)で約2倍であったことからも、高卒公務員の方が身近にいる公務員の影響を受けやすいことも示唆される。この影響の違いは、受験上限年齢の低さから生まれやすい意思決定の未成熟な状況が、身近な公務員の存在の必要性を高めることを端的に表していると考えられる。

(4) バイアス修正後の推定結果

前節における仮説検証では、年齢効果による「学歴区分差（仮説1）」や「内定志望順位の差（仮説2）」が職業キャリア・イメージにもたらす影響に有意差はみられなかった。一方で、「身近な公務員の存在（仮説3）」は有意に職業キャリア・イメージに差異をもたらす可能性が高いことがわかった。公務員としての職業キャリアでは同業者である上司や先輩がロール・モデルになりやすいという傾向は、公務員のキャリアパスが単調的であることを意味している。確かに、就業後の生活環境や家庭環境の変化がもたらす職業キャリア・イメージへの影響は大きいものと考えられる。ところが、**表3**（モデル(2)）では入職後要因である就業満

足度はいずれも有意ではなかった。その理由として、公務員職の場合、就業前に受ける影響の大きさの存在が考えられた。たとえば、親類等に公務員がいて年少時から公務員キャリアのイメージ化が進んでいるような場合や入職前のOB・OG訪問等で先輩公務員の体験談を聞き、公務員としての職業キャリア・イメージが促される場合も考えられよう[9]。そこで、就業満足度などの入職後の要因がもたらす具体化促進への影響を厳密に計測するには、とりわけ親類や友人・知人が公務員であるような環境的要因による（就業前の）影響を考慮する必要があると考えた。本分析では、入職時以前より公務員キャリアに対する意識がもともと高かった者を除去する操作を行った。具体的には質問票の中に設けた設問である、「公務員進路の最終意思決定をした年齢」と「公務員を意識し始めた年齢」との差をとり、その期間を「思い入れ期間（年数）」として計算し、思い入れ期間が7年以上の者のデータを除去した[10]。その結果、7年未満の大卒公務員は483人、高卒公務員は182人となった[11]。これらのデータを用いて、同様の推定を行った結果が**表4**である。

表3と**表4**との比較より、バイアス修正前後で同様の結果が得られたのは、大卒公務員におけるスクーリング経験のみであることからも、**表3**の推定では公務員キャリアの具体化という点でのサンプル・セレクション・バイアスが存在した可能性が高いと判断できる。したがって、以下では**表4**の推定結果を用いて、新たに得られた有意な結果や両公務員における結果の相違を検討しながら、**表3**の推定結果における背景要因の解釈を行う。

まず、モデルの当てはまりの良さを表す擬似決定係数については、バイアス修正によるサンプル数の半減により、大卒公務員ではモデル(1)(2)のいずれも15〜20ポイント程度低下した。ところが、高卒公務員では、モデル(1)は大卒の場合と同様に約15ポイント低下したものの、モデル(2)では逆に8ポイントほど上昇した。このことは、高卒者の間で、思い入れ期間により将来の職業キャリア・イメージに対して強いバイアスがかかっていた可能性が高いことを表している。つまり、**表4**におけるバイアス修正により最もモデルが改善されたのは高卒公務員のモデル(2)であるといえるため、この推定結果に注目しながら前述の仮説検証の背景要因について考察する[12]。あわせて、**表3**では両公務員とも有意な結果は得られなかっ

表4 採用学歴区分別にみた職業キャリア・イメージへの影響（バイアス修正後）

説明変数 \ モデル	大卒公務員(1)	大卒公務員(2)	高卒公務員(1)	高卒公務員(2)
定数項	-0.742 (-4.10) ***	-0.775 (-4.08) ***	-0.360 (-0.94)	0.367 (0.97)
年齢	0.027 (2.33) **	0.008 (0.81)	0.061 (2.58) **	-0.038 (-2.31) *
年齢×性別ダミー	0.019 (1.69)	0.032 (3.00) **	-0.011 (-0.26)	0.002 (0.14)
年齢×有配偶ダミー	0.015 (1.79)	0.056 (3.01) **	0.008 (0.25)	0.032 (1.21)
年齢×転職経験ダミー	-0.017 (-2.00) *	0.022 (2.12) *	0.038 (1.37)	0.023 (1.36)
年齢二乗／100	0.008 (1.02)	0.024 (2.46) *	-0.117 (-1.18)	0.003 (0.16)
性別ダミー	0.010 (1.31)	0.013 (1.00)	-0.046 (-1.59)	-0.036 (-1.50)
有配偶ダミー	0.004 (0.35)	0.001 (0.13)	-0.038 (-1.35)	0.032 (1.44)
転職経験ダミー	-0.007 (-0.62)	-0.012 (-0.69)	-0.086 (-1.13)	-0.088 (-2.43) **
第一志望公務員ダミー	-0.008 (-0.75)	0.002 (0.13)	-0.042 (-1.56)	-0.113 (-1.78)
第二志望公務員ダミー	0.083 (6.11) ***	0.006 (0.65)	0.238 (2.14) *	-0.066 (-2.31) **
第三志望公務員ダミー	0.005 (0.69)	-0.019 (-2.04) *	-0.007 (-0.40)	-0.018 (-0.62)
スクーリング経験ダミー	0.019 (2.36) **	0.023 (2.31) *	0.050 (2.74) **	0.045 (1.67)
身近な公務員ダミー	0.007 (0.94)	0.050 (6.43) ***	-0.011 (-0.51)	0.588 (2.31)
仕事内容満足度ダミー		0.036 (3.36) ***		0.050 (1.09)
待遇満足度ダミー		-0.021 (-1.73)		-0.116 (-2.73) **
職場関係満足度ダミー		0.016 (1.68)		-0.029 (-1.61)
サンプル・サイズ	483	483	182	182
Log Likelihood	-226.839	-214.635	-43.493	-57.881
疑似決定係数	0.174	0.282	0.507	0.549

注1）説明変数の数値は推定係数、括弧内はt値である。
注2）*** は有意水準が1%、** は5%、* は10%で有意であることを表す。
資料出所）表2に同じ。

た入職後の就業満足度の影響についても検討する。

　仮説1の背景要因については、**表4**の高卒公務員の年齢効果（年齢の一次項）をみると、モデル(1)でのプラスの符号がモデル(2)ではマイナスに反転していることがわかる。すなわち、思い入れ期間が短い高卒者でも、加齢につれて職業キャリアのイメージ化が進みにくくなることが確認できる。その理由として、高卒公務員では入職後の要因として、「待遇満足度」が有意なマイナスであり、待遇面での満足感が将来の職業キャリアの具体化の足かせになっていることが考えられる。一方で、大卒公務員のモデル(2)では、「仕事内容満足度」で有意性の高いプラスの結果が得られたことからも、職業キャリア・イメージへの年齢効果につい

ては、就業満足度との関係性から説明することができるだろう。つまり、職業キャリア・イメージは採用学歴区分の違いからくる年齢効果によって影響を受けるというよりも、就業満足度の影響が加齢とともに顕示的になることにより規定される。

仮説2の内定志望順位ついては、バイアスの修正により、**表3**における「第一志望」の有意性が**表4**ではすべて消失した。このことは、採用学歴区分にかかわらず、思い入れ期間の長い者が第一志望公務員になった場合、入職時点で人生目標到達意識が生じやすくなる結果、職業キャリアの具体化が促進されにくくなることを示唆している。一方、「第二志望」では、いずれの公務員においてもモデル(1)でプラスであったことからも、就業直後に自分を納得させるために職業キャリアの具体化が促される可能性が示されている。第一志望公務員よりもむしろ第二志望の公務員への入職が職業キャリアのイメージ化にとってプラス要因になりうるという結果は、第一志望の公務員に入職した者のキャリア形成が必ずしも十分ではないことを意味しており、中野 (2008) が指摘する公務員個人の主体的なキャリア・デザインを配慮した人事異動や人材育成の在り方の重要性をここでも再確認できる。その点については、高卒公務員のモデル(2)で符号が逆点し、「第二志望」のプラス効果が入職後に薄れていく傾向にあることからも、汲み取ることができる。

仮説3の身近な公務員については、バイアス修正後、大卒公務員のモデル(2)以外の有意性が消えたことからも、早期の進路選択・決定を迫られる高卒公務員における、身近な公務員の存在と思い入れ期間の長さとの関連の深さが推察される。大卒公務員では思い入れ期間の長さによる影響の違いはみられなかったが、思い入れ期間の長い高卒公務員は入職前に身近な公務員からの情報を得て職業キャリアのイメージ化を図っていることが見受けられた。

唯一、モデル(1)からモデル(2)へと符号がマイナスからプラスに変わったのは、大卒公務員における年齢の一次項と転職経験との交差項である。賃金水準や景気状況によって志望動機が左右されやすい対象者が思い入れ期間の短い者であるとするならば、**表4**より労働市場の動向に感応的な者であっても採用学歴区分により職業キャリア・イメージの程度に差異がみられることがわかる。とりわけ、思

い入れ期間が短い大卒者が公務員転職を成功させる場合、入職直後は職業キャリア・イメージに対してマイナス要因が働きやすいが、次第に仕事内容満足度と相俟って職業キャリアの具体化を推し進める効果が発揮される可能性が示されている。その理由として、公務員採用試験における受験上限年齢の違いからくる転職時点での経験の差が要因として考えられたが、そうではない。実際に前職のある者の公務員転職時における平均年齢は、大卒公務員24.1歳（361人）、高卒公務員21.9歳（84人）であり、2.2年の開きがあったものの、前職が1つであるとするならば、公務員転職前の職務経験年数は1〜2年程度で変わりはないからである。むしろ、大卒公務員では、転職時点の年齢の高さや年齢効果の影響が就業満足度（仕事内容満足度）とともに職業キャリア・イメージを推し進めている可能性の強さを確認した。

おわりに

　2008年秋のリーマンショック以降、厳しい新規学卒採用市場の下、若者の間で公務員をはじめとする安定的職業への関心が高まっている。こうした動向を背景に、安定的職業への志望の動機（理由）や就業状況の違いがキャリアパスが限定的な高卒公務員の就業意欲を逓減させたり、自治体組織の生産性の低下を招く可能性がある点に着眼した。本稿では、職業キャリア・イメージを規定する入職前後の要因の影響について独自の調査データを用いた推定を行った。あわせて、職業キャリア・イメージに対する入職後の要因の影響をより厳密に推定するためにサンプル・セレクション・バイアスを考慮した再推定を行った。このような分析方法により、これまで詳細な検討がなされていなかった一般行政職の地方公務員個人の意識面の特徴を検討してきた。とりわけ、3つの仮説を検証するアプローチ法により、以下の3点が明らかとなった。

　1. 年齢効果は、採用試験区分（受験上限年齢）が直接的な要因となっているのではなく、入職後の仕事内容満足度により規定される可能性が高い。すなわち、勤続年数の長期化とともに就業満足度が高まる場合に年齢効果は職業キャリア・イメージにプラスの効果をもたらす可能性が強まり、就業満足度

が低くなる場合には逆の効果をもたらす。

2. 内定志望順位については、もともと公務員就業に対する思い入れが強かった者が第一志望公務員になる場合に職業キャリア・イメージに対してマイナスの効果をおよぼす可能性が強まる。この傾向は、希望公務員の就業実現から生じる人生目標達成意識が強かった高卒公務員で顕著にみられた。その反面、第二志望の公務員になる場合には、採用学歴区分に関係なく、第一志望ではない自己の選択を正当化するために職業キャリアの具体化が進む確率が高まった。ただし、そうした影響も入職後の環境要因等により次第に損なわれる可能性が示された。

3. 早期の進路選択・決定を迫られる高卒公務員では、身近な公務員の存在が公務員職への思い入れの期間を長くしている。そして、思い入れ期間の長い高卒公務員は入職前に身近な公務員からの情報を得て職業キャリアのイメージ化を図っていることが見受けられた。一方で、景気動向や就職状況に敏感に反応したと考えられる思い入れ期間の短かった者については、高卒公務員では職業キャリア・イメージに対してマイナスの効果が強まる傾向がみられたものの、大卒公務員では仕事内容満足度の高まりとともに、職業キャリアのイメージ化が進む可能性が示された。

上記の結果を総合的に解釈すると、安定的職業への志望理由の質的な違いがもたらす公務員のキャリアパスの具体化に対する影響を「採用学歴区分」と「採用時期における労働市場の変化」の2側面から汲み取ることができる。前者については、高卒公務員にとって、キャリアパスが限定的であることが職業キャリアに対する自由なイメージ化の妨げとなっている可能性が考えられた。後者については、景気動向や就職状況の厳しさに敏感に反応した場合、入職後、職業キャリアに対するイメージ化が進みにくくなる傾向が高卒公務員に強くみられた。一方で、上記2側面についての大卒公務員の結果からは、各公務員が自己の職業キャリアに対するイメージ化を促進させるためには、何よりも入職後の仕事内容満足度を高めることが肝要であることが指摘できよう。仕事内容に対する満足は職業キャリアの充実と関連が深いということは新しい発見でもない。しかし、仕事内容へ

の就業満足による心のゆとりや豊かさを通じた職業キャリアのイメージ化が、顧客（住民）本位のサービス提供や公共サービスの質的向上にとって重要となる可能性が推察された点は本稿における最も注目すべき結果である。また、採用学歴区分の点からも、高卒公務員では待遇満足度のマイナスの影響が入職後の要因として強く働いており、キャリアパスが限定的な高卒者の仕事内容面や職場環境（人間関係）面での職務改善が将来の自律的・主体的なキャリア形成にとって鍵になることがうかがえた。さらに、第二志望の公務員で入職した高卒公務員の場合、勤続年数とともにプラスの効果が次第にマイナス効果に変わるという点で内定志望順位の違いからも採用学歴区分差がみられた。ただし、これらの傾向が公務員職のような安定職種固有のものなのか、あるいは、学歴格差によるものなのかについては、今後、他職種との比較を通して明らかにしていく必要があると考える。

　以上の分析より、安定的就業者の職業キャリア・イメージにとって、各自治体の就労現場を通じた関係性や影響力の強さを考慮した、適材適所の人事異動や多様な研修プログラムの実行に向けたファシリテーターの導入といったキャリア支援強化策が効果的であることが指摘できる。とりわけ、本調査結果において顕著であった、仕事内容満足度の高さと職業キャリアのイメージ化との関わりの強さは、心のゆとりや豊かさを含んだ職業キャリアの充実が公共サービスの質的向上とも関係することを示唆している。

　最後に、本稿では公務員の中でも国家公務員や地方圏（本分析で対象とした東京都・近畿圏以外）の地方公務員は対象としなかったが、同じ一般行政職員であっても勤務自治体により職業キャリアに関する意識がどのように異なるのかは、安定就業形態下における就業意識の実態を検討するうえで非常に興味深く、かつ重要な問題である。筆者の今後の課題としたい。

〔注〕
(1)　2009年秋以降の世界景気の急降下により、2009年度新卒採用戦線ではバブル期以来の「売り手市場」に急ブレーキがかかるとともに学生間で安定シフトの様相を呈してきている（東洋経済新報社、2009: 60）。
(2)　公務員の離職率については、人事院の『年次報告書（公務員白書）』における国家公務員一般職任用状況調査データによれば、日本の若手公務員（20〜29歳）の離職率はおおよそ3〜5％前後を推移しており、民間企業における大卒就職者の3割、高卒就

職者の5割、中卒就職者の7割が3年以内に辞職しているという調査結果を踏まえると、定着率は高い職種といえよう。ちなみに、諸外国の公務員（アメリカ2.4%（2007年）、英国13.7%（2003-2004年））と比べても特段高水準ということはない。データ元は、各国政府の統計データ（米国：http://statas.bls.gov＜2009年12月30日取得＞, 英国：http://www.civilservice.gov.uk/index.asp＜2009年12月30日取得＞）である。

(3) 一般行政職の経験年数別平均給料月額を学歴別にみると、大学卒では、市（経験年数35年以上）で460,053円、都道府県（同35年以上）456,265円であるのに対し、高校卒では、市（経験年数35年以上）で431,022円、都道府県（同35年以上）432,078円となっている。国家公務員の経験年数別平均給料月額に比べると、大学卒、高校卒とも半数以上の経験年数区分において地方公務員の方が上回る数値であるという（地方公務員給与制度研究会編、2009: 17）。

(4) 地方公務員採用試験（一般行政職）における受験上限年齢は、各自治体により若干の差異はあるものの、高卒公務員で満21歳程度、大卒公務員で満30〜35歳程度である。また、国の「再チャレンジ試験（40歳まで応募可能）」のように、上限年齢が緩和される傾向もみられるが、ごく一部にとどまっているのが現状である（人事院のURL＜http://www.jinji.go.jp＞より、2010年4月9日取得）。

(5) 2008年（2003年）時点での大卒者の構成比は、一般行政職で54.4%（49.2%）、小・中学校教育職89.0%（87.2%）、警察職で43.9%（36.8%）と高学歴化が引き続き進展している（地方公務員給与制度研究会編、2009: 16）。また、一部の地方自治体では、採用時に学歴区分を設けないところもある。

(6) 一方、国家公務員の採用状況については、大卒枠である国家Ⅰ種・国家Ⅱ種と高校卒／短大卒枠である国家Ⅲ種との採用数の比率は、2対1（10,000人対5,148人）となっている。しかし、一般行政事務職に限定すると、国家Ⅰ種・国家Ⅱ種と国家Ⅲ種の比率は2,592人対2,526人でほぼ同数となっている（人事院編『平成20年度年次報告書』）。

(7) 平成20年度年次報告書のデータを用いて公務員辞職者のうち「定年」を理由に辞職した者の割合を計測したところ、男性9.2%、女性1.1%と10ポイント近くの差があったため、年齢効果が重要な要因となるのであれば、男性効果はプラスに働く傾向が強まるであろう。

(8) 大卒公務員では、逆相関（−0.133）と正相関（0.019＋0.107）の確率はほぼ拮抗している。

(9) 本調査では、公務員進路の最終意思決定要因について尋ねており、4人に1人（全体の23.4%）が「自分の意思以外（「他人の意見」「周囲の環境」「何となく」のいずれか）」を回答している。

(10) ここでは、思い入れ期間の長短によるグループ分けについて等分化することを前提としたため「7年」を基準とした。7年未満は665人、7年以上は770人であった。当然のことながら、思い入れ期間が長い者ほど入職時点でのそもそもの職業キャリア・イメージ度は高いことが考えられるため、当該期間が7年以上の者を再推定の対象外とした。

⑾　サンプル・セレクション・バイアスを考慮して、思い入れ期間が7年以上の者のデータを除去したため、残されたデータのみを用いた分析ではそもそもの職業キャリア・イメージへの影響を測定するモデルとしてふさわしいか否かの問題があったが、疑似決定係数も15～20％程度の低下にとどまったため、そのまま使用した。
⑿　疑似決定係数が表4の4つのモデルのうち、最も高かったことからも裏づけられる。

〔引用・参考文献〕
地方公務員給与制度研究会編、2009、『平成20年地方公務員給与の実態』。
猪木武徳・勇上和史、2001、「国家公務員への入職行動の経済分析」猪木武徳・大竹文雄編『雇用政策の経済分析』東京大学出版会、75-103頁。
人事院編『年次報告書（公務員白書）』平成2年度版 – 平成22年度版。
Krueger, A.B., 1988, "The determinants of queues for federal jobs," *Industrial and Labor Relations Review,* Vol.41, No.4, pp.567-581.
中野雅至、2008、『公務員クビ！論』朝日新書。
中野雅至、2010、『公務員の「壁」―官民交流で役所はここまで変わる！』洋泉社。
日本労働研究機構、1999、「変化する大卒者の初期キャリア―『第2回』大学卒業後のキャリア調査より」『JIL調査研究報告書』第129号、39-60頁。
日本労働研究機構、2001、「日欧の大学と職業―高等教育と職業に関する12カ国比較調査結果―」『JIL調査研究報告書』第143号、26-42頁。
Supiot, A., 1996, "Work and the public/private dichotomy," *International Labour Review*, Vol.135, No.6, pp.653-663.
東洋経済新報社、2009、『週刊東洋経済』2009年2月7日号。
山本直治、2007、『公務員、辞めたらどうする？』PHP新書。
山本直治、2009、『公務員入門』ダイヤモンド社。

〔付記〕
　　本稿は、筆者が2009年11月21日（土）に行った日本労働社会学会第21回大会（於、佛教大学）における口頭発表時の議論の内容を踏まえて執筆したものである。

投稿論文（研究ノート）

⟨Abstract⟩

Possesses of Career Vision by Young Local Public Servants:
Focusing on the Differences of Academic Division on Employment Examination

Tsuyoshi Nakashima
(Toyo Eiwa University)

This study investigated the career vision of local public servants (aged from 20 to 35) in terms of differences in academic division on employment examination. The results indicated positive effects due to schooling experience and negative ones due to a penchant for stable life on the part of DAISOTSU KOUMUIN (public servants with a university education). On the other hand, in the case of KOUSOTSU KOUMUIN (public servants with a high school education or two-year college one), age effect was conspicuous due to the lower age requirement for employment examinations.

Furthermore, the existence of a role model proved important for both public servants in forming self-career vision regardless of differences in academic division on employment examination.

Above all, the paper pointed out the importance of providing those working under stable conditions with support for nurturing the kind of career vision that helps develop their ties with society.

書　評

1　中村眞人著
　　『仕事の再構築と労使関係』　　　　　　　　　上原　慎一

2　熊沢誠著
　　『働きすぎに斃れて
　　　　——過労死・過労自殺の語る労働史——』　　嵯峨　一郎

中村眞人著
『仕事の再構築と労使関係』
(御茶の水書房、2009年、A5判、iv＋205頁、本体3800円＋税)

上原　慎一
(北海道大学)

　『仕事の再構築と労使関係』——これまでの著者の研究を直接知らなくとも労使関係研究関連領域で研究している者にとっては相当なじみやすいタイトルであり、発行後すでに1年半経過しているということを考え併せるならば、すでに購入・読了済みの方も多いであろう。また、すでに高橋祐吉氏による書評も発表されている(同「中村眞人著『仕事の再構築と労使関係』」『大原社会問題研究所雑誌』621号、2010年)。本書のタイトルだけから得られるイメージに対し、内容は社会変動、労働政策、労使関係と相当に幅広く——著者のパースペクティブの広さによるものと思われるが——「労使関係」というタイトルの付く類書と比較した場合、その内容は相当異なっているという印象を受ける。高橋氏による書評も、著者のこれまでの研究や、タイトルが与える印象に対する一定の評価という側面を強く持ち合わせているように思う。しかし、評者はそうした評価でこぼれおちる一定の内容をこの著作は持っているようにも思うのである。そこで、やや異例ではあるが、大部を評者による読解の一つの試みを兼ねた内容の紹介に費やそうと思う。

　本書は序章と終章を除いて以下の七章から構成されている。

　　第一章　企業社会の再編成と労使関係の転換
　　第二章　現代日本における労働時間の短縮と柔軟化
　　第三章　企業社会の構造変動と職場メンタルヘルス
　　第四章　転換期の労使関係と企業別組合
　　第五章　職場小集団活動の展開と労働スタイルの変容
　　第六章　企業グループの展開と労働者の階層性

第七章　大量生産の拠点における経営と労働の実態

　第一章では完成とともに解体と再編を始めた企業社会における労働力編成と人的資源管理の変化が分析されている。著者の視点は、長期雇用慣行の変化や「労働力流動化」にかかわる諸問題にとどまらずに、変化に対応している／していない政策や新しい運動によって社会的規制が及んでいるのか否かにまで及んでいる。すなわち著者は、現代社会の「構造的矛盾」——社会経済制度の再編と価値体系の変動の間の非照応——を明らかにするために労働力編成、人的資源管理、労使関係、労働に関する社会的規制を検討する、としているのである。

　第二章では、「労働時間短縮が進行した1980年代末から1990年代前半の時期を対象として、労働時間短縮をめぐる議論や政策そのものを検討しながら、それらの背後に隠された社会諸集団間の利害関心と対抗関係を解明」(37頁)する、としている。この章の特徴は、労働運動、労使関係の枠組みを超えて、休日増、公務と金融機関における休業拡大、あるいは市場競争の制限といった側面から労働時間の短縮が経済政策の一環として実現されていったプロセスの解明である。そこで実現された時短は「知識本位の産業の発展」(52頁)を背景として経営者団体が主張した労働時間制度の柔軟化とセットであった。しかし、その柔軟化は工場労働的世界にももたらされる一方、「労働者一人平均の年間総労働時間という指標自体の性格を変化」(53頁)させるほどのものであった。

　第三章で扱われているのはメンタルヘルス問題である。この問題が問題化されるプロセスや、労働行政、裁判所、各企業（の人事労務管理部門）、労働組合の動向が紹介された後、職場におけるメンタルヘルスケアの実践が概観されている。すなわち、セルフケア、ラインによるケア、事業所内産業保健スタッフによるケア、事業所外資源によるケアという近年よく耳にする一連のケアの段階である。著者は「職場メンタルヘルスを労働問題としてとらえ」(65頁)、その原因と対策を分析している。すなわちその原因は「企業社会で働く人々の行動様式を支配する価値観の変化」であり、養育的な社会規範の消失である。その対策として求められるのはとりもなおさず、養育的な規範の再建であり、そのためには企業に対する規制の強化、労働行政の役割の強化、労働組合の役割の発揮が期待されると述べている。

　さて、以上が企業社会の変動に関するマクロな枠組みにかかわる諸問題である

とするならば、第四章以降は、ミクロなレベルで起きている「地殻変動」の分析である。またよく知られていることに属すると思われるが、第四章から第六章までは著者が長きにわたってフィールドとしてきた精密機械産業の労使関係にかかわる分析である。特に第四章は全体の要となるべき個所でもあり、全体の四分の一近くのページが割かれている。

さて、その第四章であるが、冒頭で事例が「労資協調主義」を主張せず、対抗的な運動を展開している総評・全国金属に属する労働組合であることが紹介される。ついで、そうした組合は第二次大戦後、「プロレタリア・モデル」の労働組合運動を作り出してきたが2000年代にはそれが消滅する。その背景には知識産業化という日本社会全体の変化があるのである。こうした基本認識の下、事例であるＡ社における労使関係が分析されていく。とても興味深いのは、第三節〜第五節で分析される労使関係の具体的ありようである。すなわち、生活給的色彩が強い賃金体系、解雇を忌避する経営者の思考様式、参加型・職場活動重視という運動スタイルに象徴される「企業別組合という組織形態の上に現われた労働組合主義」（102頁）、その運動の主導権を握る製造現場の技能労働者や技術者の労働内容・両者の「矛盾」等々。また、経営者サイドもこうした労働組合の体質に依拠しながら経営を行ってきたことも紹介されている。しかし、こうした状況はＡ社本体が生産拠点から開発拠点に変化していくという構造的な変動の影響を受け、「早期退職優遇募集」が実施され、階層別研修が整備され、労働時間の規制にも変化がもたらされている。

第五章では、休眠状態にあった小集団活動がトップ・ダウンにより再活性化するプロセスを分析する中で、技術革新にともなう生産システムの変化や新しい質の人的資源の確保の必要性が指摘される。新しい質の人的資源は、従業員の再教育によって調達されたのであるが、その際の重要な教育は小集団活動によってなされたものなのである。強い労働組合であっても小集団活動を抑制する方向で発言することはなかった。こうした経緯により次第に自由時間を犠牲にしてまで積極的に仕事に取り組む労働者を生み出すこととなっていったのである。

第六章では企業グループの形成と展開過程が生産システムとの関連で分析されている。時計製造の技術革新は、一方で自動組み立てラインの運転と監視を主た

る仕事とする労働者を生み出し、他方で、ケース製造やバンド製造等単純な作業からなる流れ作業も生み出してきた。かつては農村部に製造子会社を設立し、後者の作業を担わせてきたが、近年ではアジア諸国へと広がっているのである。こうした行動は日本の機械メーカーに共通する動きとなっており、「世界規模の資源調達と国際分業の構造変動」(161頁)が起こっていると著者は指摘している。その動向はまた、グループの頂点に立つ企業における労働を「知識本位」(163頁)なものへと変化させていく。

　すでにこの章から一部A社以外の事例を織り交ぜて分析を豊富化させているが、続く第七章で分析される事例は三協精機の子会社H電子、中小企業T電子、O電気、三協精機の海外生産拠点とすべてA社以外のものである。この章は「生産拠点における労働の実態を、職務編成と、労働者の質という側面から……さらに日本国内に設置されてきた生産拠点と、海外に展開していった生産拠点との、共通性と相違について」(167頁)分析すること、具体的にはそれぞれの企業の労働編成や労働者のカテゴリーの社会的特徴などが比較的詳細に分析されている。H電子は、経営陣や管理者が親会社からの出向組、主として工業高校出身の若年男性からなる管理部門や技術部門を擁するという特徴を有する。生産部門はプレス部門とライン監督者のみが男性である以外、女性から構成されている。こうした特徴は中小企業であるほど強く表れ、「女子誘致型企業」と呼ばれるほどである。

　以上のような生産拠点の展開は、三協精機では80年代後半以降、さらに徹底して東アジアに輸出されることとなる。同様の特徴はキヤノン・グループにも見られ、先端技術メーカーに共通する特徴であると指摘している。その結果、これらのメーカーでは、本体の労働が「徹底的に知識本位」(185頁)となり、その下に大企業本体に直属する工場の他、四段階の相対的に異なる労働者が編成されることとなる。こうした形で労働編成を根本的に変えつつある日本企業に求められているのは、「現地の経済構造に適応し、歴史的に築かれてきた日本とは異質の価値観と生活様式を尊重して、互恵的な関係を形成する」(186頁)ことなのである。

　以上、第一章から第七章まで通常の書評に比べやや丁寧に概観してきた。こうした手続きを経たのは、とりもなおさず、この著書全体として何が述べられてい

るか、評者自身が了解するためでもあったのである。冒頭でも述べられている通り、本書のベースとなっている諸論考の多くは社会政策学会で報告されたものであり（なぜ社会政策学会なのかという疑問も生ずるがここでは問わない）、実は評者自身、それらの報告の多くを直に拝聴している。その時は、中小企業、精密機械産業の労働と労使関係を調査研究している著者がなぜ労働時間やメンタルヘルスの問題にまで言及するのか、理解することが困難であった。しかし、こうして全体を概観すると、あくまでも著者の狙いが「社会経済制度の再編と価値体系の変動の間の非照応」を描くことにあったとするならば、その問題意識の息の長さと着実さ、計画性には「研究とはかくあるべし」という範を示していただいたという感想を抱かずにはいられない。おそらく、あくまでもおそらくなのであるが、本書は調査結果それ自体を叙述するということを目的とはせず、序章の第三の注に示されている庄司興吉『管理社会と世界社会』（東京大学出版会、1989年）を意識してか、理論的体系性を優先し、そこに事例を「埋め込んで」ゆくという叙述スタイルをとっているものと思われるのである。それが二つの読後感を抱かせる。一つは「わかりにくさ」である。もう一つは全体の流れからは相対的に独自性を持つ事例それ自体が放つインパクトの大きさをいかに受け止めるか、という問題である。

　本書の「わかりにくさ」について。本書のタイトルは『仕事の再構築と労使関係』である。これまでの著者の調査研究に少なからず関心を抱いていたものとすれば、このタイトルからは精密機械工業や中小企業の労働過程と労使関係が詳細に分析されることを予想させる。しかし、序章のタイトルは「構造転換の出発点とその方向」であり、終章で「日本及び東アジアの社会変動と労使関係をめぐる社会的な課題について考察する」（14頁）としている。僭越ではあるが、タイトルまたはサブタイトルに「構造転換」や「社会変動」というタームが入っていれば、より理解しやすかったかもしれない。内容的にも本書のタイトルは序章の最初の注にあるように清水慎三編著『戦後労働組合運動史論』（日本評論社、1982年）との連続性を強く感じさせる。同書で描かれている職場の労使関係の現代的意義はどのように評価しうるか、残念ながら序章では尾高邦雄氏や松島静雄氏の研究が比較的詳細に紹介されるものの、社会政策・労働問題研究については多くは語られない。

しかし、内容的にそれらを意識していることは、第四章以降を読めば明らかである。著者のいう「プロレタリア・モデル」の生成・展開・消滅が事実として確認しうるとするならば、なおのことという思いを禁じ得ない。さらに言うならば、「知識本位」となった労働の具体的なありようについてのつっこんだ分析がほしい。

　以上は、もう一つの読後感とかかわる。とりわけ第四章と第六章、第七章前半の事例の分析が持つ迫力は読者を圧倒するものである。先にも述べたように、第四章では企業別組合という組織形態の上に現われた労働組合主義とそれを受容する経営者サイドの志向性が描かれ、第六章では系列・下請企業まで含めた重層的な労働力編成、第七章ではその重層的編成の国内外へのさらなる展開過程が描かれている。第四章に関して言えば、民間大企業であっても1990年前後まで存在しえたという「隠された『やつらとおれたち (them and us)』という社会関係」(109頁) はより具体的に、どのように展開・消滅したのか、それは本当に消滅したのかと言えるのか、変質したと把握することは不可能なのか、その場合技術者が果たした役割はいかなるものなのか、公共部門のみならず民間の他部門と比較した際のその変質 (あるいは消滅) のありようの特徴はいかなる点にあるのか、知識本位化した労働はそこにどうかかわるのか、評者でなくともこうした疑問は多くの読者と共有できるであろう。また、第六章や第七章で分析されている重層的な労働力編成は海外拠点が量的に重要性を増している現在、どのような状態にあるのか、労働者の性別・年齢別・学歴別編成に変化は見られるのか否か、労働需要の減少は地域経済にいかなる影響を与えているのか等々。これらの問いは著者からすれば「もはや過去のもの」なのかもしれない。あるいは問いとして成立したとしても、それを明らかにするのは私たち後輩の世代が引き継ぐことなのかもしれない。著者が言うように、近年増加している個別紛争も従来の運動との連続性を有するか否か検討されなければならない時期に来ているという意味では、それはすぐれて現代的意義を持つ課題であると思われる。

　以上、著者のような先達が時間をかけて積み上げられてきた研究に対して、評者の知識・能力不足もありかなり強引な解釈を下した部分、あるいは誤読により失礼な点があったかもしれない。書評の機会を与えていただいた編集委員会にお礼を申し上げるとともに、強引な解釈や誤読に関しては御寛恕いただきたい。

熊沢誠著
『働きすぎに斃れて
――過労死・過労自殺の語る労働史――』
(岩波書店、2010年、四六判、386頁、定価 本体3200円＋税)

嵯峨 一郎
(熊本学園大学)

1. 本書の目的と構成

　著者の表現を借りれば、本書の目的は「働きすぎて、より正確にはむしろ働かされすぎて斃れた労働者たちの体験を、忘れられてはならないこととしてできる限り具体的に綴る事例研究」である。しかし400ページ近くの大部となった本書が扱う分野は、たとえば管理職や現場リーダーの事例がふくまれており、さらには遺族の思いについても丁寧に紹介されるなど、「労働者たちの体験」をはるかにこえた内容となっている。また著者が「働きすぎて、より正確には働かされすぎて」と注意深く言葉を選んでいることは、この問題の奥深さを示唆するものでもある。

　本書の構成からみてみよう。
　まず「一章　過労死・過労自殺」はいわば全体の総論ともいうべきもので、過労死の典型例としてある証券マンの事例が紹介されたのち、本書の内容・構成・方法が総括的に述べられ、過労死問題をめぐる社会的動向がまとめられている。したがって「二章」以降が事例研究による本論であり、「終章　過労死・過労自殺をめぐる責任の所在」が全体の総括となっている。

　本論ともいうべき「二章」～「一〇章」のタイトルは次のようになっている。
　　二章　トラック労働者の群像
　　三章　工場・建設労働者の過労死
　　四章　ホワイトカラーとOLの場合

五章　斃れゆく教師たち
　　六章　管理職と現場リーダーの責任
　　七章　過労死の1980年代
　　八章　過労自殺
　　九章　若者たち・20代の過労自殺
　　一〇章　ハラスメントと過重労働のもたらす死

　ざっと数えただけで事例は40件をこえるが、では著者はこうした事例研究を行なうことによって何を追求しようとしているのか。結論を先にいってしまうと著者は、それぞれの事例をつぶさに分析し、かつそれらを配列することによって一つの「画」を描き上げようとしたのである。長年にわたり「日本的経営」を労働現場から見つめてきた著者にとって、その意味で本書は文字どおりの集大成といえよう。

2. 事例研究による労働史

　もう少し具体的に著者の意図をさぐってみよう。本書冒頭に掲げた証券マン・亀井修二の事例（26歳で急性心不全により死亡）について、著者はその特徴を次のように整理する。際立ってきびしい個人ノルマ、労働時間管理の曖昧さとサービス残業の常態化、多かれ少なかれ「強制された自発性」の要素を帯びた労働者の「がんばってしまう」適応、そしてそれなのに、過労死・過労自殺にいたれば、彼の長時間労働は強制や命令によるものではなく自発的な行為だったと主張する会社の対応。

　しかしこれらは亀井のケースだけにあらわれた特徴なのではない。いいかえるとこれは亀井のような「まじめすぎる」「不器用な」人だけの受難では決してないのである。著者が強調するのは、実は「それらは日本の企業社会に広範にみられる特徴」なのであり、他の事例についても「濃淡さまざまではあれ、くりかえし現れる事象」にほかならない、という点である。したがって「過労死・過労自殺の事例研究は結果としてひとつの労働史の様相を帯びることになる」。ここまでくれば本書の意図は明らかである。つまり多くの事例研究を通じて「現代日本、

ここ30年の労働史を帰納法的に透視」すること、これが本書の最終的な目的なのであった。本書のサブタイトルが「過労死・過労自殺の語る労働史」であるゆえんがここにある。

　先ほど私は、著者にとって本書は文字どおりの「集大成」と表現した。この表現が大袈裟だとは思っていない。著者は最終的には個々の事例をこえて労働史へと一般化することをめざしたのであるが、そのためにこそ、個別事例を細部にわたって分析することに全力をあげた。それぞれの時代背景はもとより、労働時間管理（特に残業の扱い）、交替制、ノルマ（個人およびチーム）、作業と要員、給与システム（特に基本給の割合）、成果主義の適用、そして犠牲となった本人の職場生活（特に睡眠時間と心身の疲労）などが、それぞれの職場に即して詳細に分析されており、これを読むだけでもみごとな労働史になっている。

3. 日本社会の一断面

　過労死・過労自殺についてその実態を厳密に知ることはきわめてむずかしい。仕事による過労と現実の死との因果関係が、文句なしの客観性をもって証明されるにはさまざまな困難がつきまとう。さらに過労自殺になれば「鬱状態」をどう判断するかが問題となり、自殺の要因を特定することはいっそう困難になるだろう。いや、そんな詮索をする気力さえ失って悲しみにこもったままの遺族だって少なくないはずだ。

　このような不透明を充分念頭に置いたうえで、しかし、過労死・過労自殺が近年日本の労働世界のまぎれもない一断面になっていることの傍証はたくさんある。たとえば本書19ページに掲げられた「過労死・過労自殺の労災請求と認定」の資料をみると、「脳・心臓疾患の労災」の請求および認定件数は特に2001年以降に急増する傾向がみられ、「精神障害などの労災」の請求・認定件数の急増ぶりは著しい。過去数回にわたる労災認定基準の改定が影響を与えているのは事実としても、社会の表面に浮かび上がらないものも含めて過労死・過労自殺の増加を疑うわけにはいかないだろう。

　さらに本書143ページの「教員の精神疾患による病気休職者の推移」は、日本の教育現場の荒廃がいかに進んでいるかを端的に示すデータである。ここには

1995年から2006年までの推移が示されているが、その間に病気休職者数は3,644人から7,655人へと2倍以上になっており、そのうち精神疾患による休職者数は1,240人から4,675人へと3.8倍にふくれあがっている。いまや「モンスターペアレント」なる流行語とさえなった「保護者の過度の要求」は、教師たちにとって最大の負担になっているという。

　教育現場の混迷は私たちの想像をこえている。諏訪哲二氏によると、1985年をこえたあたりから生徒たちの様子がはっきりと変容しだした。教室から「人と人とのつながり」のようなものの実感が消失してしまったからだ。諏訪氏によれば、長い教師の経験のなかで、これほど絶望し嫌な気持ちになったことは初めてだったという。多くの教師は、自分たちのやっていることが生徒の将来や社会の発展につながっていないのではないかと気づき始めた。教育の根本が揺らいでしまったわけである。追いつめられた教師たちを中心に、「早期退職の予想以上の増加」が始まった（諏訪哲二『学校のモンスター』46ページ以降）。こうした教育現場からの逃亡と教師の過労死とは、もちろん同じコインの裏表にすぎない。

4. 「男の働き方」への問いかけ

　過労死を読み解くためのキーワード、これが「強制された自発性」である。いうまでもなく「強制」と「自発性」の意味はまったく逆だ。これを敢えてつなぎあわせたところに、過労死をめぐる問題の多面性、場合によっては矛盾さえ抱えこんだ複雑性を表現しようとする著者の苦心がうかがえる。過労死にいたるプロセスのなかで、職場状況をはじめとする要因が大なり小なり「強制」の面を持つことは、本書の事例によって充分語られている。問題は「自発性」の面である。強制されようがされまいが、「自発性」はあくまで本人の意志を意味するからである。だが本人の意志で過労死をとげるとはどういうことなのか。またそれをどう考えるべきなのか。問題の多面性・複雑性を充分わきまえたうえで、少し論点をさぐってみたい。

　突発性心機能不全のため40歳で死亡した夫にたいし、妻が次のような文を綴っている。

「あなたが仕事をしていたころ、毎晩（朝）帰宅が遅いのに私が心配して、転職をすすめたことがありました。会社をやめてほしいと何度も言いましたね。でも、家族のためにこれだけの仕事をしているのだ、社会的責任もあるのだと、そして私が自分の気持ちを理解してくれないと、あなたは言いました。そして死んでしまった。あなたが守りたかったのはなんだったのですか。死ぬほど大切にしたかったのは、なんだったのですか。（中略）やりたい仕事で死ねて本望ですか？」（194ページ）

これと似た事例は他にもある。急性心不全により48歳で死んだHの場合、あまりの長時間労働のため疲労が重なり、辞意をもらすほどにもなっていた。それでも几帳面で責任感が強いHは仕事を続け、妻や長女がくりかえし休養をとることをすすめたが「僕がおらなあかんのや」などといって取り合わなかった。心臓に基礎疾患があったにもかかわらずである。そしてついにHは、51日間休みのない昼夜交代勤務を続けたあげく急死した。著者のコメントが印象的だ。「ここでもまた、生前も死後も『母子家庭』に変わりはなかった」と（163ページ）。

著者は終章でもこうした問題に触れ、「彼らの死の背景にあるどうしようもない事情をいかに綴ってもなお、こうした妻たちの問いかけに共感するところがある」と率直に述べている（368ページ）。

一言でいって、ここには男としての生き方、夫であり父親である男が仕事・家族・人生にたいしてどう考えているのかという深刻な問いがある。現在のところ過労死・過労自殺は圧倒的に男の世界のできごとだからである。先ほど「生前も死後も母子家庭」という言い方があったが、過労死をした男の側には、夫・父親として家族にどのような責任を負うのかという視点がまるでないか、ほとんどなかった。「生前も死後も母子家庭」ということは、逆からみれば、男の視野にあるのは自分と会社だけということになる。エゴイズムといわれても仕方がない。生前も死後もさぞ冷えびえとした家庭だったのだろう。

正直のところ私も著者と同様「こうした疑問はあえて封じ込め」たくなるのだが、しかしこの点を突き詰めなければ解決への道も見つからないと思う。いかがだろうか。

5. グローバリズムと日本的経営

　最後に一点だけ指摘させていただきたい。といってもこれは本書への批判などではなく、今後さらに豊かな労働史がつくられていくことを願っての私なりの一視点にすぎない。

　本書には「1990年代後半以降」が次期区分上の転機であることをうかがわせる指摘がでてくる。たとえば90年代後半から上司のパワーハラスメントによる過労自殺が際立っていること（8ページ）。新自由主義的な規制緩和の経済政策・労働政策のために企業の労務政策が変化し、「総じて労働者を過酷な働きすぎに追い立ててきた」こと（34〜35ページ）。トラック業界においても90年代の日米構造協議でアメリカから「物流の規制緩和」を強く要求され、運賃が許可制から事前届出制に変わった。こうしてトラック業界の過当競争が激化することになったこと（60ページ）。

　私の読み方が不充分だったせいか、以上の大事な指摘が個々的にはなされているものの、本書全体にわたって生かされているかどうか疑問に感じた。そのため、あたかも過労死・過労自殺への誘因が日本的経営そのものにいわば超時代的につきまとっているかのように受けとれるのだ。流動的な労働市場を持つ欧米社会と比べ、大なり小なり閉鎖的な日本の企業社会にはそうした素地があるだろうことは私も否定しない。だが90年代には「日本的経営の明暗」で片付けられないほどの衝撃的変化が日本を襲ったのではなかっただろうか。

　わかりやすい例を示そう。1995年1月、阪神淡路大震災が起き6,000人をこえる犠牲者がでた。その3年後の98年に建築基準法が改定されたのだが、改訂の方向は建築基準を強化するどころか、逆に規制緩和の一環として建築確認検査を民間に開放したところに特徴があった。民間検査機関が激しい競争にさらされれば甘い検査に流れることは小学生にもわかる。事実、そこを見透かして「耐震偽装」を行なう建築士が現れ、マンションに住む住民たちが一瞬にして奈落に突き落とされたことは今でも記憶に新しい。実は、日本政府は大震災の悲劇に応えるために建築基準法を改定したのではなかった。大震災に先立つ時期からアメリカ政府は、日本がアメリカ製木材の輸入を妨害していると非難し、制裁までほのめかし

ていた。建築基準法改定はアメリカ政府の要求に応えたものにほかならない。日本政府の顔は国民にはまったく向けられていなかったことになる。

　2001年末にはアメリカの大手エネルギー会社「エンロン」が破綻したが、破綻の原因は大掛かりな粉飾決算であり、しかも監査法人アンダーセンがそれを手助けしたという事実も明らかになった。だがこれは、「アメリカはひどい国だ」とあきれていれば済む話ではなかった。日本でもライブドアが全く同じ事件を起こし、経営者の不祥事が相次いだからである。そして労働史の分野では、2004年に派遣業を行なえる業務が製造業にも拡大されることにより、これが正社員削減の大きな引き金になった。極端な言い方をすれば、アメリカ国益を内実とする規制緩和・グローバリズムの波は日本の姿を一変させたのである。だからこそアベグレンは次のように警告を発したのだ。「日本の経済と企業は、健全性を維持しようとするのであれば、英米流の制度と価値観の猿真似をするべきではない。そして、自国を卑下し否定的にとらえる日本の慣習によって、日本的経営の強みを損なう結果にならないよう注意しなければならない」(J.C. アベグレン『新・日本の経営』23ページ）と。

　残念ながらアベグレンの危惧は的中してしまった。日本の政権交替によって多少の揺り戻しはみられるものの、アメリカ型の株主重視・短期的視野の経営スタイルは依然として猛威をふるっている。日本の労働者の受難はこのことと深い関係にあるように思える。日本的経営の復権を願うことは邪道なのだろうか。

日本労働社会学会会則

(1988年10月10日　制定)
(1989年10月23日　改訂)
(1991年11月 5 日　改正)
(1997年10月26日　改正)
(1998年11月 2 日　改正)

[名　　称]

第1条　本会は、日本労働社会学会と称する。

　　2　本会の英語名は、The Japanese Association of Labor Sociology とする。

[目　　的]

第2条　本会は、産業・労働問題の社会学的研究を行なうとともに、これらの分野の研究に携わる研究者による研究成果の発表と相互交流を行なうことを通じて、産業・労働問題に関する社会学的研究の発達・普及を図ることを目的とする。

[事　　業]

第3条　本会は次の事業を行う。

　(1)　毎年1回、大会を開催し、研究の発表および討議を行なう。
　(2)　研究会および見学会の開催。
　(3)　会員の研究成果の報告および刊行（年報、その他の刊行物の発行）。
　(4)　内外の学会、研究会への参加。
　(5)　その他、本会の目的を達成するために適当と認められる事業。

[会　　員]

第4条　本会は、産業・労働問題の調査・研究を行なう研究者であって、本会の趣旨に賛同するものをもって組織する。

第5条　本会に入会しようとするものは、会員1名の紹介を付して幹事会に申し出て、その承認を受けなければならない。

第6条　会員は毎年（新入会員は入会の時）所定の会費を納めなければならない。

　　2　会費の金額は総会に諮り、別途定める。

　　3　継続して3年以上会費を滞納した会員は、原則として会員の資格を失うものとする。

第 7 条　会員は、本会が実施する事業に参加し、機関誌、その他の刊行物の実費配布を受けることができる。

第 8 条　本会を退会しようとする会員は書面をもって、その旨を幹事会に申し出なければならない。

　［役　　員］

第 9 条　本会に、つぎの役員をおく。
　(1)　代表幹事　1 名
　(2)　幹　　事　若干名
　(3)　監　　事　2 名

　役員の任期は 2 年とする。ただし連続して 2 期 4 年を超えることはできない。

第10条　代表幹事は、幹事会において幹事の中から選任され、本会を代表し会務を処理する。

第11条　幹事は、会員の中から選任され、幹事会を構成して会務を処理する。

第12条　監事は、会員の中ら選任され、本会の会計を監査し、総会に報告する。

第13条　役員の選任手続きは別に定める。

　［総　　会］

第14条　本会は、毎年 1 回、会員総会を開くものとする。

　2　幹事会が必要と認めるとき、又は会員の 3 分の 1 以上の請求があるときは臨時総会を開くことができる。

第15条　総会は本会の最高意思決定機関として、役員の選出、事業および会務についての意見の提出、予算および決算の審議にあたる。

　2　総会における議長は、その都度、会員の中から選任する。

　3　総会の議決は、第20条に定める場合を除き、出席会員の過半数による。

第16条　幹事会は、総会の議事、会場および日時を定めて、予めこれを会員に通知する。

　2　幹事会は、総会において会務について報告する。

　［会　　計］

第17条　本会の運営費用は、会員からの会費、寄付金およびその他の収入による。

第18条　本会の会計期間は、毎年10月 1 日より翌年 9 月30日までとする。

[地方部会ならびに分科会]
第19条　本会の活動の一環として、地方部会ならびに分科会を設けることができる。
　　　[会則の変更]
第20条　この会則の変更には、幹事の2分の1以上、または会員の3分の1以上の提案により、総会の出席会員の3分の2以上の賛成を得なければならない。
　　　[付　　則]
第21条　本会の事務執行に必要な細則は幹事会がこれを定める。
　　2　本会の事務局は、当分の間、代表幹事の所属する機関に置く。
第22条　この会則は1988年10月10日から施行する。

編集委員会規定

(1988年10月10日　制定)
(1992年11月 3 日　改訂)

1. 日本労働社会学会は、機関誌『日本労働社会学会年報』を発行するために、編集委員会を置く。
2. 編集委員会は、編集委員長1名および編集委員若干名で構成する。
3. 編集委員長は、幹事会において互選する。編集委員は、幹事会の推薦にもとづき、代表幹事が委嘱する。
4. 編集委員長および編集委員の任期は、幹事の任期と同じく2年とし、重任を妨げない。
5. 編集委員長は、編集委員会を主宰し、機関誌編集を統括する。編集委員は、機関誌編集を担当する。
6. 編集委員会は、会員の投稿原稿の審査のため、専門委員若干名を置く。
7. 専門委員は、編集委員会の推薦にもとづき、代表幹事が委嘱する。
8. 専門委員の任期は、2年とし、重任を妨げない。なお、代表幹事は、編集委員会の推薦にもとづき、特定の原稿のみを審査する専門委員を臨時に委嘱することができる。
9. 専門委員は、編集委員会の依頼により、投稿原稿を審査し、その結果を編集委員会に文書で報告する。
10. 編集委員会は、専門委員の審査報告にもとづいて、投稿原稿の採否、修正指示等の措置を決定する。

付則1. この規定は、1992年11月3日より施行する。
　　2. この規定の改廃は、編集委員会および幹事会の議を経て、日本労働社会学会総会の承認を得るものとする。
　　3. この規定の施行細則（編集規定）および投稿規定は、編集委員会が別に定め、幹事会の承認を得るものとする。

編集規定

(1988年10月10日　制定)
(1992年10月17日　改訂)
(幹事会承認)

1. 『日本労働社会学会年報』(以下本誌)は、日本労働社会学会の機関誌であって、年1回発行する。
2. 本誌は、原則として、本会会員の労働社会学関係の研究成果の発表に充てる。
3. 本誌は、論文、研究ノート、書評、海外動向等で構成し、会員の文献集録欄を随時設ける。
4. 本誌の掲載原稿は、会員の投稿原稿と編集委員会の依頼原稿とから成る。

年報投稿規定

(1988年10月10日　制定)
(1992年10月17日　改訂)
(2002年 9月28日　改訂)
(2009年 9月 5日　改訂)
(幹事会承認)

1. 本誌への投稿資格は、本会会員とする。なお、投稿論文が共著論文の場合、執筆者のうち筆頭著者を含む半数以上が本会会員であることを要する。
2. 本誌に発表する論文等は、他に未発表のものに限る。他誌への重複投稿は認めない。既発表の有無、重複投稿の判断等は、編集委員会に帰属する。
3. 投稿された論文等の採否は編集委員会で審査の上、決定する。なお、掲載を決定した論文等について、より一層の内容の充実を図るため、補正、修正を求めることがある。
4. 原稿枚数は、原則として400字詰原稿用紙60枚以内とする。
5. 書評、その他の原稿枚数は、原則として400字詰原稿用紙20枚以内とする。
6. 投稿する会員は、編集委員会事務局に、審査用原稿コピーを2部送付する。
7. 原稿は所定の執筆要項に従うこととする。

日本労働社会学会第22期役員名簿（2010年10月より）

幹　事（任期2年間）

木本喜美子	（一橋大学）	代表幹事
兵頭　淳史	（専修大学）	事務局長
中川　　功	（拓殖大学）	事務局
鷲谷　　徹	（中央大学）	会計担当
小村　由香	（日本看護協会）	同　　上
松尾　孝一	（青山学院大学）委員長	研究活動委員会
京谷　栄二	（長野大学）	同　　上
上原　慎一	（北海道大学）	同　　上
宮下さおり	（九州産業大学）	同　　上
山田　信行	（駒澤大学）	同　　上
清山　　玲	（茨城大学）委員長	年報編集委員会
白井　邦彦	（青山学院大学）	同　　上
三山　雅子	（同志社大学）	同　　上
呉　　学珠	（労働政策研修・研究機構）	同　　上
鈴木　　玲	（法政大学）委員長	ジャーナル編集委員会
山下　　充	（明治大学）	同　　上
小谷　　幸	（日本大学）	同　　上
髙橋　伸一	（佛教大学）	同　　上
髙橋　伸一	（佛教大学）	関西労働社会学研究会
松戸　武彦	（南山大学）委員長	労働調査プロジェクト等検討委員会
小村　由香	（日本看護協会）	同　　上
山下　　充	（明治大学）	同　　上
呉　　学珠	（労働政策研修・研究機構）	同　　上
宮下さおり	（九州産業大学）	大会開催校担当
山田　信行	（駒澤大学）	社会学系コンソーシアム担当
鈴木　　玲	（法政大学）	社会政策関連学会協議会担当

編集後記

　今号も大会時の配布には至りませんでしたが、大きな遅れもなく、なんとか刊行にたどり着くことができました。2年間にわたり、『年報』の編集に携わってみて考えるところがありますので、この場を借りて披歴させていただきます。1つは、会員のみなさまからの投稿が少ないことが気になりました。過去2年間で投稿された論文・研究ノートは、1本しか掲載されませんでした。これは、ことさらに審査が厳しいのではなく、投稿数が少ないことに一因があります。年若い会員のみなさまからは「『年報』は敷居が高い」という声も聞こえてきますが、投稿原稿の審査基準は他誌と異ならないはずです。どうか、積極的な投稿をお願いいたします。もう1つは、特集についてです。例年、前年に開催された大会シンポジウムの報告をもとに特集を組んでいますが、私が10年近く前に『年報』の編集に関わっていたときには、編集委員会の独自企画による（第2の）特集が組まれていたように記憶しています。残念ながら、私が委員長を務めた2年間については、こうした企画を立てることはできませんでした。仮に、もう1つ特集を組むとなると、テーマの決定や、執筆者の選定と選ばれた方々への依頼などスケジュールが厳しく、クリアしなければならない障壁が多いのも事実ですし、学会誌としてのスタイルも今後変化する可能性があります。しかし、研究の活性化という点でも、学会による成果の発信という点でも、特集企画の充実は一考に値するように思います。

（山田　信行）

ISSN　0919-7990

日本労働社会学会年報　第21号
介護労働の多面的理解
2010年11月30日　発行

　　□編　集　日本労働社会学会編集委員会
　　□発行者　日本労働社会学会
　　□発売元　株式会社 東信堂

日本労働社会学会事務局
〒214-8580　神奈川県川崎市多摩区東三田
　　　　　2-1-1
専修大学経済学部　兵頭淳史研究室
E-mail　hyodo@isc.senshu-u.ac.jp
学会HP　http://www.jals.jp

株式会社 東信堂
〒113-0023　文京区向丘1-20-6
TEL　03-3818-5521
FAX　03-3818-5514
E-mail　tk203444@fsinet.or.jp
東信堂HP　http://www.toshindo-pub.com

ISBN978-4-7989-0030-8　　C3036

「日本労働社会学会年報」バックナンバー（14号以降）

階層構造の変動と「周辺労働」の動向
——日本労働社会学会年報⓮——
日本労働社会学会編

〔執筆者〕丹野清人・龍井葉二・久場嬉子・西野史子・伊賀光屋・浅野慎一・今井博・勝俣達也ほか

A5／256頁／2900円　　4-88713-524-6　C3036〔2003〕

若年労働者——変貌する雇用と職場
——日本労働社会学会年報⓯——
日本労働社会学会編

〔執筆者〕筒井美紀・林大樹・藤田栄史・山根清宏・小村由香・土井徹平・佟岩・浅野慎一・青木章之助ほか

A5／216頁／2700円　　4-88713-624-2　C3036〔2005〕

仕事と生きがい——持続可能な雇用社会に向けて
——日本労働社会学会年報⓰——
日本労働社会学会編

〔執筆者〕藤原眞砂・櫻井純理・高木朋代・渡辺めぐみ・董荘敬

A5／208頁／2500円　　4-88713-674-9　C3036〔2006〕

東アジアの労使関係
——日本労働社会学会年報⓱——
日本労働社会学会編

〔執筆者〕徐向東・金鎔基・恵羅さとみ

A5／136頁／1800円　　4-88713-786-8　C3036〔2007〕

労働調査を考える——90年代以降を見るアプローチを巡って
——日本労働社会学会年報⓲——
日本労働社会学会編

〔執筆者〕野原光・上原慎一・三上雅子・木本喜美子・今井順・山本潔・杉山直

A5／168頁／2000円　　978-4-88713-832-2　C3036〔2008〕

若年者雇用——マッチングメカニズムの再検討
——日本労働社会学会年報⓳——
日本労働社会学会編

〔執筆者〕浅川和幸・堀有喜衣・後藤龍一・小村由香・中嶌剛・三橋弘次

A5／144頁／1800円　　978-4-88713-930-5　C3036〔2009〕

労働者像のこの10年——市場志向と社会志向の相克のなかで
——日本労働社会学会年報⓴——
日本労働社会学会編

〔執筆者〕小川慎一・神谷拓平・鈴木玲・村尾祐美子・M.ブラウォイ・京谷栄二・富沢賢治・木本喜美子・遠藤公嗣ほか

A5／184頁／2100円　　978-4-88713-956-5　C3036〔2009〕

※　ご購入ご希望の方は、学会事務局または発売元・東信堂へご照会下さい。
※　本体（税別）価格にて表示しております。

東信堂

【現代社会学叢書】

開発と地域変動——開発と内発的発展の相克	北島滋	三二〇〇円
在日華僑のアイデンティティの変容——華僑の多元的共生	北原龍二	四四〇〇円
健康保険と医師会——社会保険創始期における医師と医療	北原龍二	三八〇〇円
事例分析への挑戦——個人現象への事例媒介的アプローチの試み	南保輔	四六〇〇円
海外帰国子女のアイデンティティ——生活経験と通文化的人間形成	水野節夫	三八〇〇円
現代大都市社会論——分極化する都市？	園部雅久	三八〇〇円
インナーシティのコミュニティ形成——神戸市真野住民のまちづくり	今野裕昭	五四〇〇円
ブラジル日系新宗教の展開——異文化布教の課題と実践	渡辺雅子	七八〇〇円
イスラエルの政治文化とシチズンシップ	奥山眞知	三八〇〇円
正統性の喪失——アメリカの街頭犯罪と制度の衰退	G・ラフリー／室月誠監訳	三六〇〇円
〈シリーズ社会政策研究〉		
福祉国家の社会学——21世紀における可能性を探る	三重野卓編	二〇〇〇円
福祉国家の医療改革——政策評価にもとづく選択	近藤克則編	二〇〇〇円
共生社会の理念と実際	三重野卓編	二〇〇〇円
福祉政策の理論と実際〔改訂版〕福祉社会学研究入門	武川正吾／キム・ヨンミョン編	二五〇〇円
韓国の福祉国家・日本の福祉国家	平岡公一編	三三〇〇円
改革進むオーストラリアの高齢者ケア	木下康仁	二四〇〇円
認知症家族介護を生きる——新しい認知症ケア時代の臨床社会学	井口高志	四二〇〇円
社会福祉における介護時間の研究——タイムスタディ調査の応用	渡邊裕子	五四〇〇円
新版 新潟水俣病問題——加害と被害の社会学	飯島伸子／舩橋晴俊編	三八〇〇円
新潟水俣病をめぐる制度・表象・地域	関礼子編	五六〇〇円
新潟水俣病問題の受容と克服	堀田恭子	四八〇〇円
公害被害放置の社会学——イタイイタイ病・カドミウム問題の歴史と現在	藤川賢／渡辺伸一／飯島伸子編	三六〇〇円

〒113-0023 東京都文京区向丘1-20-6
TEL 03-3818-5521 FAX 03-3818-5514 振替 00110-6-37828
Email tk203444@fsinet.or.jp URL:http://www.toshindo-pub.com/

※定価：表示価格（本体）＋税

― 東信堂 ―

グローバル化と知的様式―社会科学方法論についての七つのエッセー	J・ガルトゥング 大澤真幸・木村修一訳	二八〇〇円
組織の存立構造論と両義性論―社会学理論の重層的探究	舩橋晴俊	二五〇〇円
社会学の射程―ポストコロニアルな地球市民の社会学へ	庄司興吉	三二〇〇円
地球市民学を創る―地球の危機と変革のなかで	庄司興吉編著	三二〇〇円
社会階層と集団形成の変容―集合行為と「物象化」のメカニズム	丹辺宣彦	六五〇〇円
階級・ジェンダー・再生産―現代資本主義社会の存続メカニズム	橋本健二	三二〇〇円
現代日本の階級構造―理論・方法・計量	橋本健二	四五〇〇円
人間諸科学の形成と制度化―社会諸科学との比較研究	長谷川幸一	三八〇〇円
現代社会学と権威主義―フランクフルト学派権威論の再構成	保坂稔	三六〇〇円
現代社会学における歴史と批判（上巻）―グローバル化の社会学	山川信正編	二八〇〇円
現代社会学における歴史と批判（下巻）―近代資本制と主体性	丹辺宣彦編	二八〇〇円
インターネットの銀河系―ネット時代のビジネスと社会	M・カステル 矢澤・小山訳	三六〇〇円
自立支援の実践知―阪神・淡路大震災と共同・市民社会	似田貝香門編	三八〇〇円
〔改訂版〕ボランティア活動の論理―ボランタリズムとサブシステンス	西山志保	三六〇〇円
NPO実践マネジメント入門	パブリックリソースセンター編	二三八一円
貨幣の社会学―経済社会学への招待	森元孝	一八〇〇円
市民力による知の創造と発展―身近な環境に関する市民研究の持続的展開	萩原なつ子	三三〇〇円
個人化する社会と行政の変容―情報、コミュニケーションによるガバナンスの展開	藤谷忠昭	三八〇〇円
日常という審級―アルフレッド・シュッツにおける他者・リアリティ・超越	李晟台	三六〇〇円
現代タイにおける仏教運動―タンマガーイ式瞑想とタイ社会の変容	ランジャナ・ムコパディヤーヤ	四七六二円
日本の社会参加仏教―法音寺と立正佼成会の社会活動と社会倫理	矢野秀武	五六〇〇円

〒113-0023 東京都文京区向丘1-20-6
TEL 03-3818-5521 FAX 03-3818-5514 振替 00110-6-37828
Email tk203444@fsinet.or.jp URL:http://www.toshindo-pub.com/

※定価：表示価格（本体）＋税